鉄旅研究

レールウェイツーリズムの実態と展望

鉄旅研究

レールウェイツーリズムの実態と展望

鉄旅研究

レールウェイツーリズムの実態と展望

旅の販促研究所

はじめに

「鉄子」という言葉を知っていますか？

おそらく、本書を手にとって、このページを読んでいるほとんどの人は知っていることと思う。熱心な鉄道趣味、鉄道ファン、鉄道マニアの人たちを指す「鉄ちゃん」や「テツ」に対応する、〝鉄道好きな女性〟のことを表す言葉で、この数年で一気に一般的に使われるようになってきた。

鉄子という言葉が広まったきっかけは小学館の『月刊ＩＫＫＩ』に連載されたノンフィクション漫画『鉄子の旅』（菊池直恵作・２００２年―２００６年）のヒットからだといわれている。話の内容は、鉄道にまったく興味の無かった作者が、鉄道好きのトラベルライターに日本全国の様々な鉄道の旅に連れ回されるというもの。女流漫画家が等身大で徐々に鉄道を好きになっていく姿を描いたのが読者の共感を得たようだ。鉄子という言葉は、２００７(平成19)年の「新語・流行語大賞」の候補にもノミネートされている。

もともと男性中心の鉄道ファンに、いよいよ女性が参加し始め、その数が急激に増えているようである。また、女性の鉄道ファンが一般的になるなかで、相当の数がいたにもかかわらず、一部の「オタク現象」として、表舞台にはあまり登場してこなかった男性鉄道ファンが名実ともに市民権を得始めたようだ。この鉄道をめぐる画期的ともいえる大きな流れは、いよいよ鉄道ブームが起こる前兆かもしれない。

鉄道ファンと鉄道旅行好きとは必ずしも一致しないかもしれないが、考えてみると、鉄道の旅のブームは女性がリードしてきたともいえる。１９７０(昭和45)年、大阪で万国博覧会が開催され、万博史上最高の６４００万人の入場者数を記録するという、日本列島を巻き込んだ旅行ブームが起こる。当時国鉄は万博後の国内旅行の需要を喚起するために「ディスカバー・ジャパン・キャンペーン」を展開する。そのキャンペーンに反応したのは若い女性たちだった。

彼女らはその頃創刊された女性向け雑誌『アンアン』(平凡出版・現マガジンハウス)や『ノンノ』(集英社)を片手に持ちながら、ひとり旅や少人数のグループで旅行し始めた。鉄道に乗って、京都や全国の小京都と呼ばれる落ち着いた街並みのある地方都市、魅力的な宿場町、高原の小さな美しい街、食事の美味しい静かな温泉地などに訪れ、「アンノン族ブーム」と呼ばれる現象をつくった。その後の「いい日旅立ちキャンペーン」に呼応したのも女性たちだった。まだマイカーを運転し旅行に出るのは一般的でなかった女性は、鉄道を利用しての旅が好きだったようだ。

鉄子の登場だけではなく、近年、鉄道に関する話題は多い。寝台特急などの列車廃止イベントの隆盛、さいたま市にオープンした「鉄道博物館」の大盛況、『ＪＴＢ時刻表』１０００号の盛り上がり、週刊『鉄道の旅』(講談社)の人気、『日本鉄道旅行地図帳』シリーズ(新潮社)のベストセラー化、鉄道関連に特化した新書シリーズ(交通新聞社)の発行などだ。最大手の旅行会社ＪＴＢも時刻表１０００号(２００９年5月号)の発刊を機に、地域の鉄道の魅力を通じた国内旅行の需要喚起を目的に『鉄旅ニッポン』を開始した。「鉄旅ガールズプロジェクト」や「大学鉄研プロジェクト」などによるユニークな切り口で情報を提供、鉄道を利用する旅や日本の旅の新たな魅力を発信し、低迷する国内旅行の活性化をしようというものだ。

鉄道事業者であるＪＲや私鉄、第３セクター鉄道も様々な工夫をし始めている。豪華寝台特急や観光特急の運行、新型車両の投入、快適な車両への改造、イベント列車の導入、車内サービスの改善、お得な企画切符の発売などアイデアを絞って懸命な努力をしている。遠距離の都市や離れた島々へ瞬く間に飛んでいく飛行機や時間はかかるが快適さを追求し廉価で目的地まで行くことができる長距離バス、旅行者を効率よく親切に観光案内してくれる観光バス、束縛されることがなく自由に観光地を巡ることができるマイカーなど、旅行をする移動手段は他にもある。それぞれに特徴があり、旅行目的や移動距離、同行者、時期などにより旅行者は上手に使い分けている。

その中で、なぜか鉄道の旅は日本人の旅の原点のような気がする。郷愁を誘う流れゆく車窓、家族たちが語らう車内の温かさ、駅での出会い、時間通りに動いていく安心感。これは鉄道ならではのものだ。単に移動のための手段としてではなく、旅を構成する大きな要素として、鉄道を楽しむ旅、すなわち「鉄旅」の実態と旅行者の動向についての調査・研究を実施した。日本人はどんな鉄旅を楽しみ、これからどんな鉄旅を望んでいるのだろうか。本書が、鉄旅の楽しさの理解と鉄旅を通して国内旅行の活性と、地域の観光振興に少しでも役に立てればと願っている。

当『旅のマーケティングブックス』シリーズも本書で6冊目を数えることになり、いつかは実現したかった鉄道の旅というテーマを著わすことができ感無量である。これも、最初の企画・編集から お世話になり続けた教育評論社の久保木健治さん、米津香保里さん、小嶌淳子さんのお陰であり、改めて心から感謝の意を表したい。

２０１０年３月

安田亘宏

鉄旅研究

——レールウェイツーリズムの実態と展望——

目次

第3章 魅力的な路線や地域での鉄旅……097

第4章 こだわりの鉄道や列車の鉄旅……113

第5章 鉄道に関するテーマの鉄旅……137

※本文中の鉄道に関する運行、発着時期、所要時間、運賃料金、サービスなどは2009(平成21)年10月現在のものです。

装訂　上野秀司

第1章

鉄道と旅

1 鉄道ブーム

戦後の2大鉄道ブーム

冒頭「はじめに」で、鉄子の登場に象徴されるようにいままで疎遠に見えていた女性の間で鉄道への関心が高まり、そこに鉄道ブームの兆しがあると語った。だが、今、本当に鉄道ブームは起こりつつあるのだろうか。

戦後、大きな鉄道ブームは2回あったといわれている。１９６５(昭和40)年から10年ほど続く「ＳＬブーム」と１９７０年代後半から１９８０年代前半にかけて起こる「ブルトレブーム」である。

ＳＬブームのＳＬとは「Steam Locomotive」の頭文字で、つまり蒸気機関車のことだ。ＳＬブームのきっかけは、当時国鉄が「動力近代化計画」を打ち出し、日本全国で蒸気機関車が廃止になってしまうことが決定されたことによるもので、消えゆく蒸気機関車を最後に一目見たい、乗ってみたいという思いが全国的に広がり、社会現象にまでなった。鉄道ファンはもとより、鉄道ファンではない普通の人も蒸気機関車を追いかけて別れを惜しんだ。とくに、蒸気機関車を撮影する鉄道ファンが急増し、鉄道趣味が拡大、定着するきっかけになった。このブームは新幹線が博多まで開

JTB「鉄旅ニッポン」ロゴマーク

通した1975(昭和50)年、営業運行の蒸気機関車が姿を消して終焉を迎えた。

ブルトレブームのブルトレとは「ブルートレイン」の略で、1970年代後半、国鉄の特急用寝台列車が全てブルーで塗装された客車を使用していたためこの名で呼ばれていた。この頃、鉄道ファンや小中学生の間でそのブルトレのヘッドマークの付いた電気機関車や最後尾のテールマークを見たり、写真に撮ったりして追いかけるというブームが起きた。

この2大ブームは鉄道ファンを増やし、それだけではなく、普通の人の鉄道への関心を高めたが、ともに鉄道写真撮影が中心であり、必ずしも鉄道の旅のブームとはいえなかった。

社会現象にまでならなかったが、国鉄再建法が可決された1980(昭和55)年から「いい旅チャレンジ20000km」キャンペーンが始まった。当時営業キロ約2万km、242線区あった国鉄の全鉄道路線の完乗を目的としたものだ。路線の踏破数により国鉄から賞がもらえた。このキャンペーンは約10年間続き終了となった。これにより鉄道の旅がどれだけ増えたかは不明だが、鉄道に乗ること自体を仕掛けた面白いキャンペーンであった。元々は、宮脇俊三著作の『時刻表2万キロ』がヒットしたことから生まれたキャンペーンだといわれている。

鉄道ブーム到来か？

鉄道ファンの一部のインターネットサイトでは2000年代の中頃から「第3次鉄道ブーム」が起こっていると書かれている。さらに、新聞や雑誌などでも鉄道ブーム到来を取り上げているところがある。

前述した「鉄子ブーム」はその代表例だが、最も象徴的なのは、2007(平成19)年に埼玉県さいたま市にオープンした「鉄道博物館」の大盛況ぶりだろう。大宮からニューシャトルに乗り換えてひと駅、東京から便利な立地とはいえないこの博物館に、2年間で300万人もの入場者を迎えるとは信じがたい現象といえる。館内は混雑し、子供たちばかりだと思っていたが、老若男女様々な人たちが訪れている。たしかに、鉄道ブームなのかもしれないと実感する場所である。

列車廃止イベントが驚くほどの人を集めているという。2008(平成20)年、急行「銀河」のレストランには東京駅に約2000人が詰めかけ指定券も発売30秒で完売した。2009(平成21)年の寝台特急「富士/はやぶさ」の廃止当日の指定券は発売5秒で完売となり、東京駅には3000人が集まった。寝台列車だけでなく、2008(平成20)年にラストランを迎えた「0系新幹線」の指定席券は発売と同時に売り切れるという人気ぶりだった。始発の岡山駅には2000人、終点の博多駅にも1000人と、地域のイベントとしては異例の人数が集まり話題になった。たしかに、0系新幹線は、一定の年齢以上には「夢の超特急」そのものだった。

テレビではNHKの「列島縦断 鉄道12000キロの旅」(2004年)という、鉄道の旅そのものの番組が放送され、テレビ朝日系の「タモリ倶楽部」もこの頃から鉄道関連の話題を扱うことが多くなってきた。2007(平成19)年、TBS系で鉄道マニアを主人公にしたドラマ「特急田中3号」(2007年)が放送された。しかし、このドラマは視聴率が低迷し大きな話題にはならなかった。

出版の世界でも鉄道関連が注目された。2003(平成15)年、講談社が週刊『鉄道の旅』を発刊し大きな話題となりヒットする。2009(平成21)年には『鉄道旅行』(ネコ・パブリッシング)が創刊された。伝統のある鉄道雑誌の最大手『鉄道ファン』(交友社)の発行部数はこの数年少しずつ増加しているという。その他、『鉄道ジャーナル』(鉄道ジャーナル社)、『鉄道ピクトリアル』

（鉄道図書刊行会）、『鉄道ダイヤ情報』（交通新聞社）、『Rail Magazine』（ネコ・パブリッシング）、『月刊とれいん』（エリエイ）なども、一般雑誌が大苦戦を強いられている中、それぞれ頑張っているようだ。また、一般の月刊誌、週刊誌の中でも、鉄道関連の特集が目立っている。ただ、「タビテツ」の愛称で親しまれていた『旅と鉄道』（鉄道ジャーナル社）は休刊になった。

「日本の鉄道、全線・全駅・全廃線─そのすべての位置を、日本地図上に正確に記載した日本初の地図」がキャッチコピーの『日本鉄道旅行地図帳』（新潮社）が累計１５０万部（２００９年11月）という空前のベストセラーとなった。また、『ＪＲ時刻表』を発行している交通新聞社が、鉄道に関するテーマだけで構成する「交通新聞社新書」を創刊している。売れ行きのよい新書では、光文社新書、新潮新書、平凡社新書などもライトな鉄道本を刊行している。

鉄道模型市場も拡大基調にあるという。マイクロエース社やトミーテック社などによる鉄道模型やグッズの多品種少量生産がニーズを捉えている。デパートや大手家電販売店でも鉄道模型コーナーができ始めている。

そして、最大手の旅行会社ＪＴＢも『鉄旅ニッポン』プロジェクトを開始し、鉄道を利用する旅や日本の旅の新たな魅力を発信し始めている。相変わらず、「北斗星」や「カシオペア」「トワイライトエクスプレス」などの豪華寝台特急を利用するパッケージツアーは売り出しと同時に満員になるという。「リゾートしらかみ」や「ＳＬばんえつ物語」「ＳＬやまぐち号」「ゆふいんの森」などを組み込んだパッケージツアーも人気が高い。

これらの社会現象から、たしかに「鉄道ブーム」の胎動を感じる。その流れの中で、本当に鉄道の旅、鉄旅が支持され、増えているのだろうか。

2 鉄旅とは何か?

観光交通と鉄道

観光や旅行を構成する要素は、宿泊する旅館やホテル、目的地で見学し、体験し、楽しむ観光資源や観光施設、食事をするレストランや食事処、そして、移動のための交通手段である。

観光や旅行のなかで発生するこれらサービスの需要は本源的需要と派生的需要に分類することができる。温泉を楽しむことや自然景観を観賞すること、歴史文化遺産に触れること、リゾート地で休養することなど、観光資源を見学、体験することが本源的な需要であり、交通手段については、これらの需要が発生することによって派生する、派生的需要であるという考え方がある。たしかに、交通手段を単なる目的地までの移動手段、目的地内での移動手段と捉えれば、派生的であるといえないこともないが、少なくとも、レジャーとしての旅行の場合は、移動中の車内から旅は始まっていて、それ自体も旅の楽しさに含まれる本源的な需要と考えるべきである。特に鉄道の旅は、車窓からの景色、車内での寛ぎや会話、飲食など、明らかに旅の本源的な一部を構成しているといっていいだろう。さらに移動のための鉄道そのものが観光資源となっているSLや様々な観光列車、イベント列車などもあることも忘れてはならない。

観光を目的として行う移動のことを観光交通という。この観光交通は大きく3つに分類される。

① 旅行者の居住圏から観光地域までの移動
② 観光地域間の移動
③ 観光地域内の移動

移動のための交通手段というと、特に①の自宅から観光地までの移動のみを考えがちだが、②や③も観光交通の大きな部分を占め、これらは二次交通と呼ばれている。さらに、決して移動手段としてだけではなく、観光資源そのものとして観光地域内で利用されることも多い。ケーブルカーやロープウェイ、トロッコ列車なども観光交通に含まれる。

観光交通の手段を移動空間で分類すると、陸・海・空に大別され、さらに陸は道路と線路（軌道）に分けることができる。したがって、道路・線路・海路（水路）・空路に分類することができる。また、交通手段には利用者が自ら運転などして移動するものと、交通事業者の交通サービスを旅客として利用するものに分けることができる。

前者の自ら移動するものでは、道路では徒歩・マイカー・レンタカー・自転車・オートバイなどで、空路、海路においては極めて一部の人の自家用飛行機やプレジャーボートなどがそれにあたる。後者の交通事業者が提供する交通サービスでは、道路ではバス、タクシー、ハイヤーなどで、バスは定期路線バス、長距離バス、観光バスなどがある。線路は、本書のテーマである鉄道。空路は飛行機、海路（水路）は旅客船、カーフェリー、高速艇、川下り船などである。

つまり、鉄道は旅行の観光地までの往復の移動、観光地域間、観光地域内の移動で利用する線路（軌道）で運行する交通事業者が提供する観光交通であるといえる。

鉄旅の定義

鉄道とはレールを敷設した線路上を動力により運行する交通機関のことで、電気モーターやディーゼルエンジン、蒸気機関で運行される普通の鉄道のほか、モノレール、新交通システム、トロリーバス、ケーブルカー、リニアモーターカーなどのことである。

これら鉄道を移動に利用する旅行や観光業のことを「レールウェイツーリズム」ということができるが、一般的にはあまり使用されていない。「鉄旅」も近年、鉄道ファンを中心にインターネットサイトでよく使われるようになっているが、公に認められている定義はない。本書では次のように簡潔に定義したい。

【鉄旅の定義】

鉄道に乗車することを目的、または主な活動とする旅行。

鉄道に乗車することが旅行の楽しみの一部になっている旅行。

鉄道に関連する路線、車両、駅、諸施設などの見学、体験などを目的とする旅行。

鉄道の旅は増えているのか？

鉄道ブームともいわれる今、本当に鉄道を利用した旅は増えているのだろうか？　しかし、鉄道の旅を楽しんでいる旅行者の正確な数を

図表① 鉄道旅客総数（百万人）　＝旅客総数　＝定期外旅客数

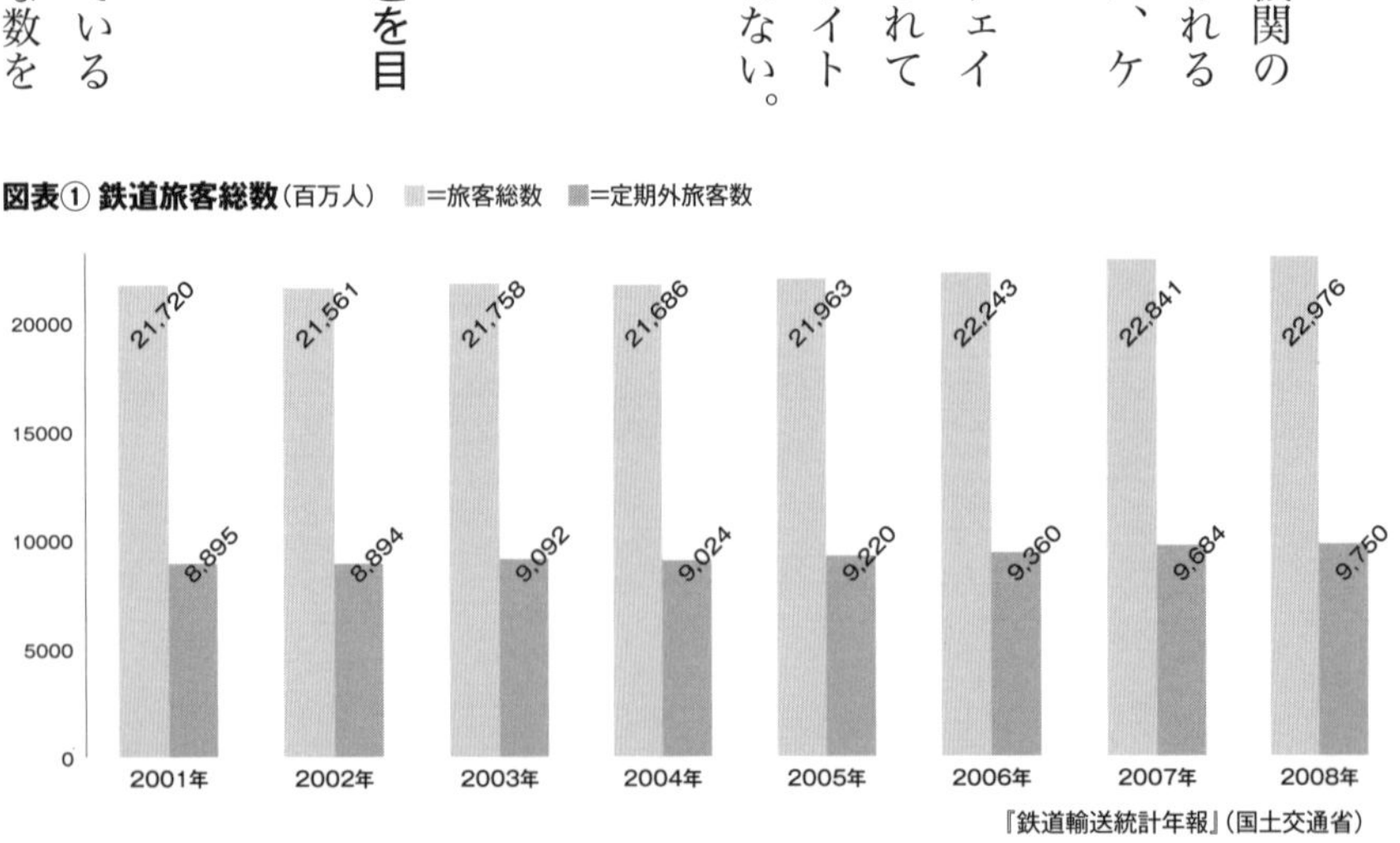

『鉄道輸送統計年報』（国土交通省）

把握するのは困難である。

図表①は『鉄道輸送統計年報』（国土交通省）に発表された、ＪＲと民鉄を含めた鉄道旅客総数の推移である。旅客総数は２００１年度の２１７億人から２００８年度は２３０億人と僅かながら増加していることが分かる。定期利用者は観光客ではないので、それを除いた定期外旅客総数は２００１年度の89億人から２００８年度は98億人とこちらも増加していることが分かる。マイカー利用者の拡大、国内旅行の長期低迷などの環境の中で意外ともいえる数値である。いずれにしても、鉄道利用者は減少しておらず、微増という状況にあるといえよう。

図表②は財団法人日本交通公社が毎年発表している『旅行者動向』における「目的地までの主な交通機関」の調査結果を時系列で示したものである。圧倒的に多いのはマイカーで50％前後を占めている。鉄道はマイカーに次ぎ20％前後で推移している。そのあとに、飛行機、バス・貸切バスと続いている。２００１（平成13）年からの推移を見ると、交通機関のシェアはほとんど変わっていないことが分かる。旅行者はすでに一定の選択基準を設けて、交通機関を使い分けていると考えられる。高速道路１０００円の施策が採用された２００９（平成21）年においては若干このシェアに変動が起こっているかもしれない。

一般に日本においては近距離（２００㎞以下）ではマイカーやバス

図表② 目的地までの主な交通機関

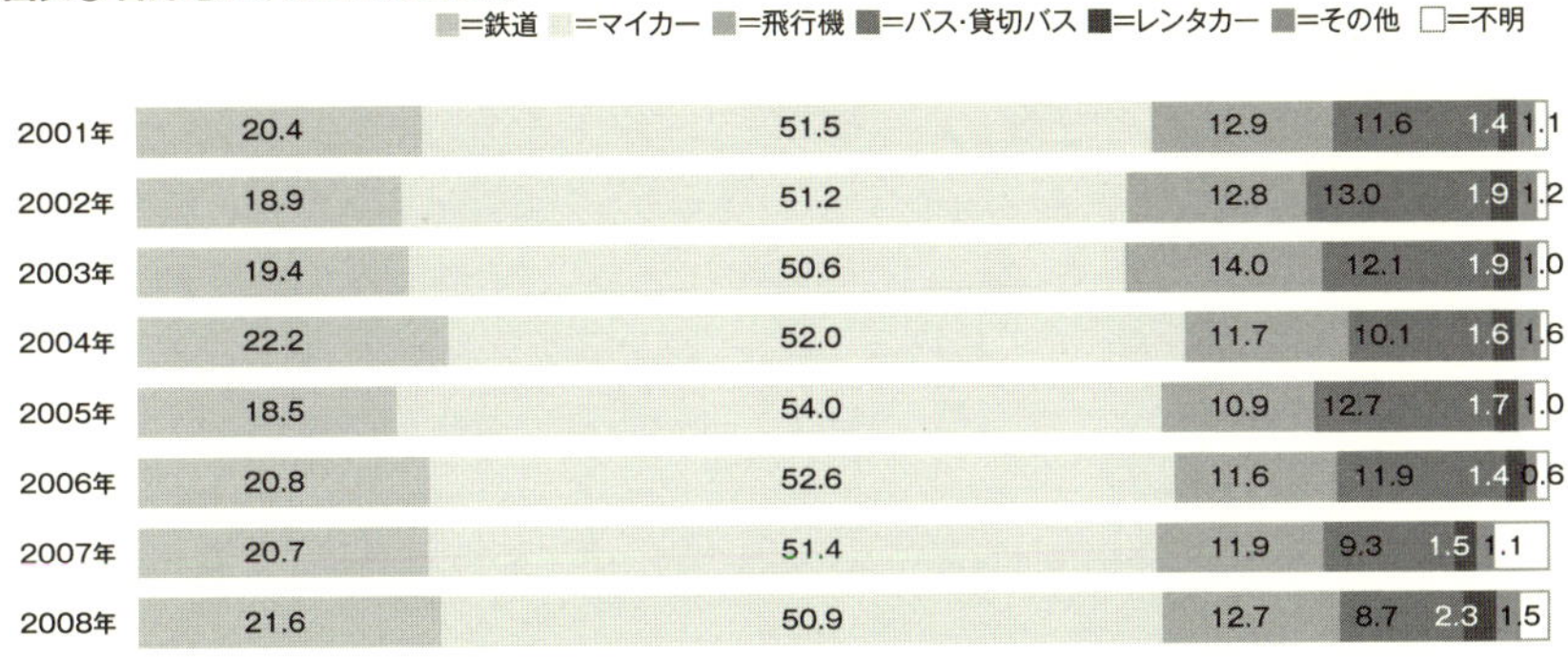

『旅行者動向』(財団法人日本交通公社)

利用が多く、中距離（200〜600㎞未満）になると新幹線など鉄道、それ以上の遠距離（600㎞以上）になると航空機の利用になるといわれている。しかし、高速道路網の拡大、高速道路通行料の値下げ、燃費効率のよい自動車の普及、快適で廉価な長距離バスの参入などにより、中距離のマイカーやバス利用が増えているという。また、航空各社の早割などの割引運賃制度、マイレージなどのサービスにより、中距離での航空機の利用拡大も想定される。その中で、実際には鉄道利用シェアはほぼ変わっていないことは注目される。

図表③は同じく『旅行者動向』の「旅先での主な交通機関」を時系列で推移を示したものである。つまり、旅行中の二次交通のシェアである。やはり、圧倒的に多いのはマイカーで50％前後を占めている。これは、観光地までの移動に利用したマイカーを観光地域間や地域内でもそのまま利用しているということである。次いでバス・貸切バスが15〜20％で、近年漸減傾向にある。鉄道は10％前後だ。2001（平成13）年からの推移を見ると、利用した交通機関のシェアに大きな変動はないが、鉄道利用が微増傾向にあるのは興味深い。

図表③ 旅先での主な交通機関

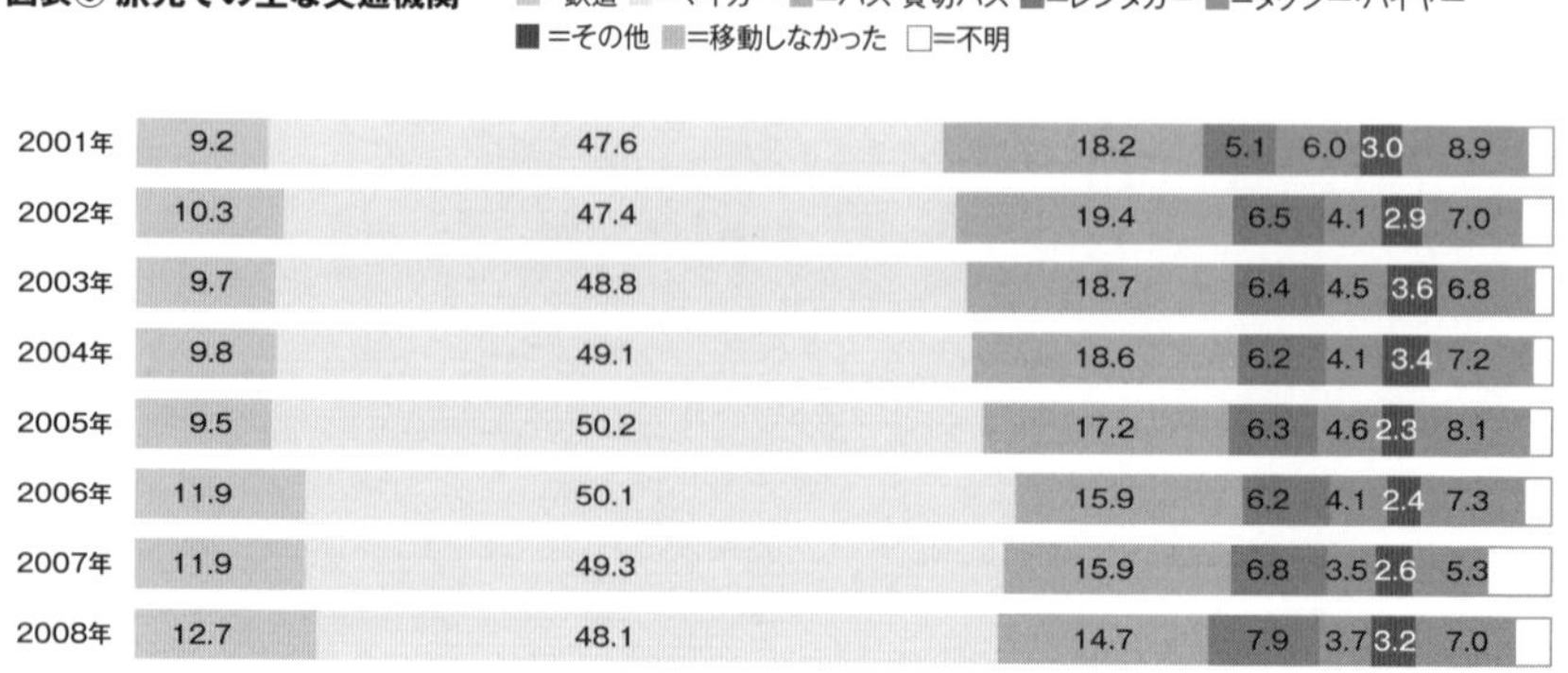

『旅行者動向』（財団法人日本交通公社）

本当に鉄旅をしているのか？——鉄旅経験者は34％

さて、実際に日本人旅行者は鉄旅をしているのだろうか。前項までの数値を見てくると、鉄道を利用した旅は減少していないことが分かったが、はたして、鉄道に乗ることを目的にし、あるいは旅行中の主な活動にし、少なくともこだわりを持って鉄道を利用している人はどのくらいいるのだろうか。

図表④の調査結果は、本書を構成する当旅の販促研究所で実施したインターネットによる定量調査の一部である。サンプル数は２２２０で調査対象者は、最近1年以内に国内宿泊旅行へ、かつ３年以内に海外旅行に行ったことのある男女である。調査内容など詳しくは後述する。

「最近3年間の国内旅行での鉄道利用と鉄道へのこだわり」を質問した結果である。対象者は全員国内旅行を経験しているが、23％は鉄道を利用していなかった。43％が鉄道を利用して旅行をしたが、こだわらなかったと答えた人たちである。つまり、移動の手段としてのみ鉄道を利用した人たちだ。残りの34％が鉄道に乗ることを第一の、または主要な目的とした人と、鉄道にこだわりを持って旅行をした人たちである。つまり鉄旅経験者は34％、国内旅行者の３分の１以上の人が鉄旅を経験をしている。

図表④ 最近3年間の国内旅行での鉄道利用と鉄道へのこだわり
（n=2220）

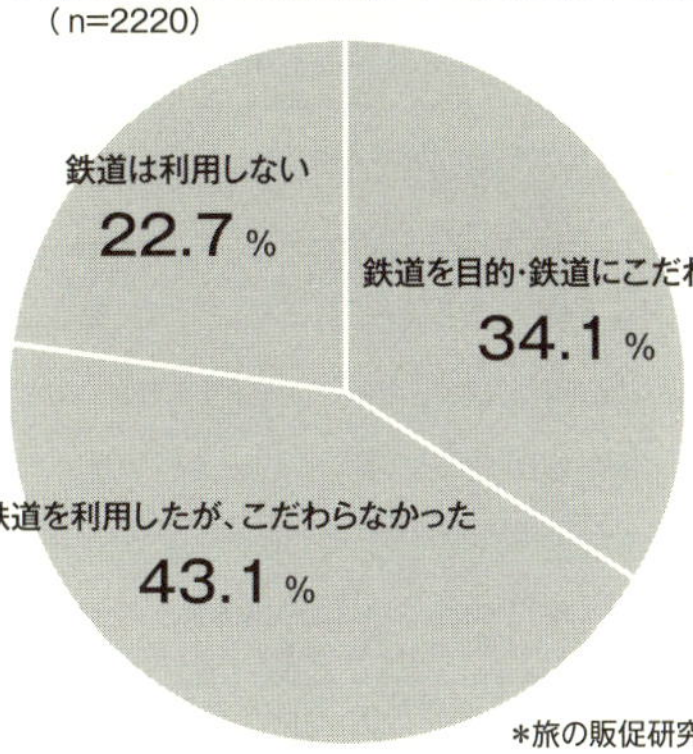

＊旅の販促研究所調査（2009年）

3 日本の鉄道の種類

経営形態による分類

鉄道の旅の調査、分析に入る前に、日本の鉄道について概観してみたい。

日本の鉄道を分類する方法は数多くあるが、そのひとつに経営形態による分類がある。大きく分類すると、現在は存在しない国営鉄道、ＪＲ、公営鉄道、私営鉄道、第３セクター鉄道になる。

① 国営鉄道

国が保有し運営の主体となっている鉄道のこと。１９８７(昭和62)年３月までは日本国有鉄道（ＪＮＲ）、いわゆる国鉄があった。赤字運営体質などが大きな問題となり８つのＪＲに分割民営化され、現在は日本に国営鉄道は存在しない。但し、日本国有鉄道の事業を継承したＪＲグループのうち、ＪＲ北海道、ＪＲ四国、ＪＲ九州、ＪＲ貨物、および帝都高速度交通営団（営団地下鉄）の事業を継承した東京メトロ(東京地下鉄)については国が一部の株式を保有している。

② ＪＲ

国鉄を引き継ぎ新たに誕生した鉄道運営会社グループ。日本国有鉄道改革法の規定により、１９８７(昭和62)年に発足した。運営等については、旅客鉄道株式会社および日本貨物鉄道株式会社に関する法律（ＪＲ会社法）に定められている。ＪＲ（ジェイアール）とは、「Japan

Railways（ジャパンレールウェイズ）」の略。政府の国鉄改革推進を受けて、経営改善などを行い、国鉄では出来なかったようなサービスやアイデアにより顧客サービスを向上させている。

③　公営鉄道

地方公共団体が所有、運営する鉄道会社。都市部の都電、市電、都営地下鉄、市営地下鉄などがその代表例。都市内の通勤、通学などの需要を取り込んでおり、市民の足となっている。

④　私営鉄道

私企業が国から鉄道事業免許を取得し鉄道事業を行っている鉄道会社。大都市部に集中する大手私鉄と、地方の中小私鉄がある。大都市近郊の私鉄網は世界的にもあまり例はなく、地下鉄との相互乗り入れや私鉄同士の相互乗り入れなど先進的な運営をしており、経営的にも安定している。一方地方の中小私鉄の経営環境は厳しいといわれている。

⑤　第3セクター鉄道

第1セクター（国鉄・公営鉄道）、第2セクター（私鉄）でもない、第3の経営方式により運営される鉄道会社。地方で採算の悪い国鉄や私鉄の赤字路線を、地域住民の足の確保、観光需要の吸収などの観点から、地方公共団体と私企業が出資して合弁会社を設立し、鉄道運営を行う方式。また、新規鉄道路線のために設立されたものもある。

鉄道事業法による分類

日本の鉄道の営業や運転に関する規則の大本になっているのが、1900(明治33)年に公布された「鉄道営業法」という法律である。これに対して、鉄道事業者の運営を規定した法律は「鉄道事業法」といい国鉄が分割民営化されるのに伴い1986(昭和61)年に公布された。また、道路に敷設される路面電車を運営する事業者に対しては、「軌道法」という法律も存在し、これらの法律は現在全て国土交通省の管轄になっている。

鉄道の広義の定義は、一定のガイドウェイに沿って車両を運転し、旅客や荷物を運ぶものといえる。この定義に基づいて、鉄道事業法の鉄道事業に関する鉄道は次のようなものが挙げられる。

①普通鉄道――ごく一般的な鉄道で2つの鉄の線路の上を走るもの
②懸垂式鉄道――懸垂式モノレール
③跨座《こざ》式鉄道――跨座式モノレール
④鋼索鉄道――ケーブルカー
⑤案内軌条式鉄道――新交通システム、ガイドウェイバス
⑥無軌条鉄道――トロリーバス
⑦浮上式鉄道――リニアモーターカー
⑧その他――磁気誘導式鉄道など
⑨索道――ロープウェイ、リフト(鉄道事業法では、索道事業として表記される)

この分類から日本の鉄道を見ていきたい。

鋼索鉄道　旅の販促研究所撮影

2本の鉄のレールを走る普通鉄道

普通鉄道は2本の鉄のレールの上を走るもので、新幹線から路面電車まで様々なものがあり、軌道の幅、鉄道を走らせる動力源など、いろいろな要素で分類することができる。

軌道の幅はゲージとも呼ばれ、762㎜、1067㎜、1372㎜、1435㎜の4種類が日本の代表的なゲージだ。1067㎜がJR線や大手私鉄路線の主要ゲージとなっているが、世界では新幹線で採用された1435㎜が標準軌と呼ばれ主流である。1435㎜のゲージは古代ローマ帝国のチャリオット（2輪馬車）の幅が起源といわれる。日本で1435㎜を採用しているのは、JRでは新幹線、大手私鉄では、近畿日本鉄道の主要路線や京浜急行、京成電鉄などである。

日本で1067㎜が標準軌となったのは、1872(明治5)年に開業した初めての鉄道に採用されたことに始まる。技術面は鉄道発祥の英国に指導を仰いだが、山が多い日本の地形を考えると、ゲージの狭い方が、鉄道敷設用地が少なくすむので採用されたといわれる。1067㎜自体は3フィート6インチ幅をメートル法で表したものである。

762㎜は2フィート6インチであり、現在は少なくなったが、「軽便鉄道法」に準拠する地域の軽便鉄道が好んで採用したゲージである。現在、日本で762㎜を採用しているのは三岐鉄道北勢線、大井川鉄道の井川―千頭間など限られたものになってきている。

1372㎜の幅は日本における馬車鉄道に採用されていたゲージで、馬車鉄道が路面電車にとってかわるようになるにつれて採用された。現在は京王電鉄の主要路線、東急世田谷線、都電など路面電車が起源の鉄道で採用されている。

鉄道を走らせる動力源は、電気、ディーゼルエンジン（内燃機関）、蒸気の3つに大別できる。

電気はそれを動力源として電動機（モーター）を回し、その回転力で動くものだ。電気を動力源とした車両には、客車や貨車を牽く電気機関車と旅客を乗せて動く電車がある。電気が動力源の場合、電気を車両まで配給するための架線、架線設置用の電柱や変電所など様々な施設が必要となる。直流、交流の区別があり、ＪＲの東海道本線や山陽本線などや、私鉄や路面電車は直流電化されており、その他のＪＲ線は交流電化されている。直流、交流にはそれぞれメリットとデメリットがあるが、直流の場合、動力装置を比較的小型にできるので、都市圏に発達した私鉄電車を中心に導入された経緯がある。

ディーゼルエンジンを動力とするものにも電気と同じようにディーゼル機関車と気動車の2種類がある。動力を車輪に伝える仕組みには、機械式、液体式、電気式の3種類があるが、ほとんどが液体式となっている。

蒸気を動力源とするものは蒸気機関車（ＳＬ:Steam Locomotive）である。蒸気機関車は基本的に燃料を火室で燃焼させその熱でボイラー内の水を加熱し蒸気を発生させ、その蒸気でピストンを動かして動輪を回すという仕組みになっている。世界最初の鉄道は蒸気を動力源とした。蒸気を動力源とすると水を加熱する巨大なボイラーを設置する必要があるため、電車や気動車のように旅客を乗せる蒸気車というものはない。

蒸気機関車とディーゼル車両は、線路さえあれば走れるのが特徴である。しかし、蒸気機関車はエネルギー効率が極端に悪いため次々と廃止され、１９７６(昭和51)年3月の貨車入れ換え運転を最後に国鉄から蒸気機関車の姿は消えることになった。この消えゆく姿を追うように１９６０年代後半から日本各地で空前のＳＬブームが巻き起こった。そうしたブームを受け保存活動が始まり、その先駆けとなったのが大井川鉄道であった。

都市のモノレールと観光地のケーブルカー

モノレールのモノは一つの意味で、1本のレールを作ることで車両を走らせることから付いた名称である。普通鉄道に比べ用地が少なく建設費が安くすみ、走行音も静かで勾配にも対応できるので都市間、都市内の交通整備計画の中でバス輸送の代替として採用されることが多い。

モノレールには「懸垂式」と「跨座式」の2つの方式がある。日本で最初の営業用モノレールは東京上野動物園内で東京都交通局が運営する0・3㎞の上野懸垂線で1957(昭和32)年に開業した。このモノレールは、新しい都市交通機関の試行という要素があったようである。懸垂式モノレールは、その後湘南モノレール、千葉都市モノレールで採用されている。

一方、跨座式のモノレールの代表的なものは東京モノレール（浜松町―羽田空港第2ビル間）だろう。モノレールとしては6両編成と長大で羽田空港利用旅客を中心に輸送している。その他にも多摩丘陵を貫く多摩都市モノレール、東京ディズニーランドの周囲を巡る舞浜リゾートライン、沖縄で戦後初となる鉄道沖縄都市モノレール（ゆいレール）などがある。大阪高速鉄道（大阪モノレール）も跨座式を採用しており、路線の総延長は28・0㎞に及び、世界最長でギネスブックに登録されている。

ケーブルカーは2本の鉄の上を車両が走行するのは普通鉄道と同様であるが、車両には走行するための動力装置はなく、車両に連接している金属製のロープによって走行する仕組みになっている。そのため急坂に向いており、観光地の登山鉄道として利用されている。現在運行中の最も古いものは近畿日本鉄道の生駒鋼索線《こうさく》（鳥居前―宝山寺間）で1918(大正7)年に開業している。その他関東には筑波観光鉄道、高尾登山鉄道など、関西には京阪電気鉄道、南海電気鉄道などに鋼索線がある。また、観光地である箱根には箱根登山鉄道と伊豆箱根鉄道、立山黒部アルペンルートには立山黒部貫光のそれぞれ鋼索線が存在する。

大都市圏で活躍の新交通システムと立山黒部アルペンルートのトロリーバス

案内軌条式鉄道は走行路線に案内軌条（ガイドウェイ）を備えたもので、このガイドウェイに沿うように車両が走行する。札幌市営地下鉄や新交通システム、名古屋で採用されたガイドウェイバスなどが含まれる。

代表的なものは新交通システムで、ゴムタイヤを履いた車両が電気駆動でコンクリート製の専用軌道上をガイドウェイに沿って、コンピューター制御により無人走行するものが多い。日本では、1981(昭和56)年、大阪市交通局の南港ポートタウン線、神戸新交通のポートアイランド線で初めて採用された。その後も首都圏では埼玉新都市交通、横浜新都市交通、ゆりかもめなどが開業している。

軌条があるのが鉄道なので、無軌条というのは矛盾した表現であるがトロリーバスは無軌条電車として「鉄道事業法」で規定されている。ディーゼルエンジンでなく、架線から集電した電気でモーターを回して、それを動力とするバスがトロリーバスである。路面電車と同じように一般道路を走るものとして京都市、名古屋市などで導入された。都市内を走行し、排気ガスのないバスであり環境には優しかったが、集電するための架線のないところは走行できないということもあり、渋滞の多い都市のトロリーバスは全て姿を消した。現在、運行されているのは立山黒部アルペンルート内の立山トンネルトロリーバスと関電トンネルトロリーバスの2つの路線のみである。双方とも大自然のトンネル内の走行ということで環境に優しいトロリーバスが採用された。

次世代の鉄道リニアモーターカー

リニア（linear）とは直線の意味で、通常は円形の電動モーターを直線状の平面に並べて電磁力を推進力として得るのがリニアモーターである。また、この電磁力を使って浮上させるのが浮上式鉄道である。２００５(平成17)年に名古屋で開催された愛・地球博の会場アクセス路線として愛知高速鉄道東部丘陵線が日本初の磁気式浮上鉄道として開業している。まさに、次世代の鉄道として本格的な幹線での営業運転が視野に入ってきた。

また、磁気誘導式鉄道に分類される鉄道としては愛・地球博の会場内交通手段として使われたものがある。

ロープウェイやリフトも鉄道の一種である。鉄道事業法では、索道事業として表記されている。急な勾配や深い谷を越えるようなところに架設されるもので、空中に張った金属製のロープにつり下がったゴンドラなどの運搬器が別のロープに引かれ動いていくものが基本である。

こうしてみると、ひとくちに鉄道といっても種類は様々である。しかしながら、鉄道の旅として一般の方々に最も意識されるものは、普通鉄道であろう。観光地での二次交通としてのモノレールやケーブルカー、トロリーバス、ロープウェイなども鉄道であると認識すると、鉄道の見方も変わってきそうだ。

4 日本の鉄道の歴史

明治期――紆余曲折のもと鉄道の国有化が進展

日本で初めての鉄道は、1872(明治5)年、新政府が建設した新橋―横浜間であった。当時の新橋駅は現在の新橋駅とは異なり、現在汐留シオサイトとして高層ビルが林立している場所にあった。また、横浜駅も開業当時には、現在の桜木町駅が横浜駅の位置であった。鉄道を敷設する技術や資金は英国の援助を仰いだ。鉄道の開業時、日本の鉄道輸送力を決定づける大きな要素、軌道幅(ゲージ)は世界の標準軌の1435㎜ではなく、狭軌《きょうき》の1067㎜が選定されている。理由は、狭軌の方が経済的であると判断したからといわれる。日本で初めての鉄道はたいへんな評判となり、開業翌年には旅客収入による大幅な利益を計上した。

次に開業したのは1874(明治7)年、神戸―大阪間であり、この路線には日本で初めての鉄道トンネルが掘られた。日本で3番目に開業したのは北海道の官営幌内鉄道の手宮―幌内間で、その路線長は91・2㎞にも及んだ。北海道の鉄道敷設はアメリカ人技師が指導した。

順調にスタートしたかに見えた官営鉄道であるが、1877(明治10)年の西南戦争による財政難により、政府の新規建設は東海道線を除いてほとんどが頓挫することになった。代わって国が援助して私鉄の鉄道網の整備が行われ始めた。1881(明治14年)には日本初の私鉄日本鉄道が創業し、2年後の1883(明治16)年上野―熊谷間が開業した。1887(明治20)年には北海道で初めての私鉄釧路鉄道が開業し、1888(明治21)年には四国で初めての鉄道となる伊予鉄道、同じく九州においても初の鉄道となる九州鉄道が開業した。

　西日本の神戸以西は1888(明治21)年に神戸―明石間に開業した山陽鉄道が順調に路線を伸ばし、1901(明治34)年に神戸―下関間を全通させた。山陽鉄道は積極的な経営を行い、様々な鉄道関連サービスを最初に導入している。例えば、入場券販売、食堂車・寝台車の導入、ステーションホテルの経営などであった。また、1905(明治38)年、子会社の山陽汽船にて下関―釜山間の連絡線を就航させ、東京―ソウル間を60時間で結んだ。

　大都市間輸送を担う鉄道網が拡充されていく間、大都市内の移動を担う鉄道としては、1882(明治15)年に東京馬車鉄道（後の東京都電）が開業、日本初の電気鉄道として京都電気鉄道（後の京都市電）が1895(明治28)年に開業している。都市内の路面電車はこの京都を皮切りに1898(明治31)年に名古屋、1903(明治36)年に東京、大阪と次々に開業していき、最盛期には北は旭川から南は那覇まで全国の地方中核都市に敷設されていった。

　1893(明治26)年の鉄道の延長はおよそ3000㎞で、うち官設のものは880㎞に過ぎなかった。産業の近代化が急速に進み、それに伴う輸送需要の増加や鉄道への投資熱の高まりから、大規模な私鉄による路線開業が相次ぎ、その結果、1906(明治39)年には、私鉄の路線延長はおよそ5200㎞にも及ぶことになった。

　しかし、日清・日露戦争を経て、今後軍事需要が増加した際、全国において一元的な輸送が行えることが好ましいということで、1906(明治39)年鉄道の原則国有化を定めた「鉄道国有法」が公布された。翌年までに、一地域の交通を目的とするものを除き、日本鉄道、山陽鉄道、九州鉄道といった主要私鉄17社4500kmほどが国有化され、国有鉄道（以下国鉄）主導の輸送体系が構築されることとなった。結果、国鉄線対私鉄線の輸送シェアは3：7から9：1程度になった。多くの会社が国有化されることに伴い、保有する機関車、車両、貨車の種類が一挙に増えてしまったため、修理や整備、運用に大きな困難が生じることとなり、この後、国鉄は車両のみならず機材の国産化と標準化を推進することになった。

明治時代後期から大正時代初期にかけては、都市近郊に電化された私鉄が多く開業している。1905(明治38)年東西で都市間を結ぶ私鉄電鉄線が開業した。東は大師電気鉄道（現在の京浜急行）の品川―神奈川間、西は阪神電気鉄道の梅田―三宮間である。1910(明治43)年には関西で京阪電気鉄道が天満橋―三条間、箕面有馬電気鉄道（後の阪急電鉄）が宝塚線（梅田―宝塚間）と箕面線（梅田―箕面間）を開業させた。この2つの線は乗客誘致のために沿線に住宅地を分譲し、遊園地を開設するなど、現在にも通じる私鉄経営のモデルを導入した。

明治時代後期の1910(明治43)年、国鉄は東清鉄道との間で国際連絡運輸を開始し、翌1911(明治44)年シベリア経由欧亜連絡運輸を開始した。こうした国際連絡運輸の発展により外国人旅行者が増加したため、1912(明治45)年外国人旅行者へ様々な便宜をはかるためのジャパン・ツーリスト・ビューロー（現JTB）が発足した。

大正から昭和初期――近代化とともに戦前の黄金時代へ

大正時代に入り、国鉄では国産の機関車が大量に生産され始め、鉄道網も全国へ広がり、増加する輸送量に対して幹線は複線化され始めていた。加えて、東京―大阪の都市部区間には並走する別の電車線も建設されることになった。また、鉄道が発展し輸送量が増大するにつれて、停車場の機能分化がはかられることになり、大都市周辺には貨物駅や貨物操車場が設置されることになった。

近代化を進めることで、国鉄は昭和初期の1930年代に、戦前の黄金期とよばれる時代を迎えることになった。それを象徴するものとして、1930（昭和5）年、超特急と呼ばれた「燕」が運行を開始した。それまで11時間かかっていた東京―大阪間を8時間20分という当時としては考えられない所要時間で結ぶこととなった。

一方、この時代1927（昭和2）年には日本初の地下鉄が上野―浅草間で開業し、1928（昭和3）年には日本初のトロリーバスが関西の花屋敷で開業した。また、1930（昭和5）年までには現在大手私鉄と呼ばれる鉄道会社の主要路線がほとんど電化した形で開業していた。

昭和になり、1937（昭和12）年に始まった日中戦争の戦火が拡大していくなか、国鉄、私鉄は様々な統制を受ける時代となっていった。しかしながら、1942（昭和17）年の第二次世界大戦中に、世界初となる海底トンネル関門トンネルが開通している。

戦後から平成――復興から戦後の黄金期とＪＲの誕生

第2次世界大戦が終結し、米国の統治下となった日本では、占領軍による鉄道管理が行われ、戦時中に大合併した私鉄は1947（昭和22）年から分割が始まり、現在の大手私鉄が形作られていった。国有鉄道は、1949（昭和24）年、公共企業体日本国有鉄道として新たに発足することになった。国鉄の特急復活はその年で東京―大阪間に「へいわ」が走り始めた。占領軍は客車の鋼体化も推進し木造客車は、１９５７(昭和32)年には姿を消した。一方、高性能電車も登場し、１９５０(昭和25)年に導入された80系電車は初期にはトラブルが多かったもののその後、湘南電車と呼ばれ、電車として当時世界最大の16両編成で東海道本線の東京―沼津間、伊東線などで活躍を始めた。

１９５５(昭和30)年以降、高度経済成長期に入った日本は、経済活動が年を追うごとに活発になり、ビジネス客や観光客が増えた。大量の物資が国内を動くようになったため、鉄道の輸送量は飛躍的に増え、戦後の黄金期を迎えた。スピード化もはかられ、１９５７(昭和32)年に登場した小田急ＳＥ車は国鉄の函南―沼津間の試験走行で当時の狭軌世界一となる最高速度１４５㎞／ｈを記録した。国鉄１５１系は１９５９(昭和34)年に藤枝―島田間で最高速度１６３㎞／ｈと記録を塗り替え、後の新幹線運転に繋げるデータを収集した。

この頃、国鉄は全国的に電化を推進する。１９５６(昭和31)年、東海道本線が全線電化され、１９５８(昭和33)年には東京―大阪間で１５１系の電車特急「こだま」の運転が開始された。また、非電化区間では蒸気機関車に代わり、ディーゼル機関車・機動車が使用されるようになっていった。

１９６４(昭和39)年の東京オリンピックを控え、東海道新幹線が営業運転を開始した。また、日本初の空港連絡鉄道の東京モノレール羽田線も開業した。大都市においては、交通渋滞が慢性化するにつれて路面電車が交通の障害とみなされるようになり、各地で路線が廃止されるようになっていった。

１９６０年代後半になると鉄道の旅客、貨物の輸送量は伸び続けていたものの、モータリゼーションの進展により、輸送手段全体における鉄道の比率が低下し始めた。１９７０(昭和45)年、大阪で開催された万国博には全国から観光客が押し寄せ、新幹線輸送などは大盛況であった。万国博は旅行の側面からすると、それまで団体旅行一辺倒であったものを個人旅行化する転機となった。それが万博後、国鉄主体の個人客を誘致するための「ディスカバー・ジャパン・キャンペーン」などを立ち上げる契機となっている。無煙化も進み、１９７６(昭和51)年、国鉄における通常の蒸気機関車の運用は終了した。

１９７０年代後半になると主要な高速道路が開通していくと共に、利便性に優れるトラック輸送が増え、鉄道の貨物輸送の比率が大きく低下した。また、運賃改定などに国会審議を必要とする公共事業体とされた国鉄の財政は次第に悪化して来ており、赤字ローカル線が問題となっていった。赤字が増え続けたため、抜本的な解決策として１９８７(昭和62)年、国鉄は分割民営化され、ＪＲグループ各社として発足した。分割民営化されたことで、北海道や九州にあったローカル線は次々と廃止され、それが後の廃線ブームに繋がったとも考えられる。

１９８１(昭和56)年、現在の新交通システムの先駆けとなる神戸新交通ポートアイランド線が開通し、実用鉄道で日本初の無人運転を行った。１９８８(昭和63)年には青函トンネルと瀬戸大橋の供用が開始され、北海道、本州、四国、九州が線路で繋がることとなった。平成になり、山形新幹線、長野新幹線、九州新幹線の開業、東北新幹線の延伸など新幹線網は着実に拡大を遂げている。

現在までの日本の鉄道の歴史を振り返ってみると、貨物輸送に関しては１９７０(昭和45)年ごろまでが鉄道が主役の時代であったといえる。一方、旅客輸送に関しては、現在、長距離は航空機、中距離（６００㎞以内）が鉄道、近距離（２００㎞以内）の旅行は自動車、通勤、通学など日常生活は鉄道と住み分けられてきているようだ。定時性に優れ、大人数を運べ、旅情を感じる鉄道の長所をどのように伸ばしていくかが日本の鉄道の課題だろう。

5 鉄道と旅の歴史

明治期、鉄道は人々の移動手段の主流に

江戸時代には、参勤交代や幕府が諸国を管理するために街道や宿場が整備され、行商人なども増えてきた。しかし人が移動することは現在に比べ苦労が多く、危険を伴うものであった。当時、一般庶民の旅は、寺社仏閣にお参りするということが一番の目的であった。例えば、全国的に知られたお伊勢参りや成田山新勝寺の参拝などで移動する人々の数は、現在とは比較にならないほど少なかった。しかし、鉄道の出現は、そんな事情を大きく変えたのだ。

日本への鉄道の導入は、人々の移動時間を大幅に短縮した。大量に人々や物資が移動することを可能にし、それは産業の成長を促すこととなった。そして、様々な産業の成長に伴い、業務で長距離を移動する人々を増やしたのだ。日本最初の鉄道が横浜―新橋間に決定したのは、その頃の東京には大きな港がなく、外に開かれた横浜港の物資を東京まで輸送しようとしたのが大きな理由であった。もちろん、物流のみを中心に鉄道敷設が考えられていたわけでない。高野山を目指した南海電気鉄道、成田山への参拝者の輸送が目的であった京成電鉄など、寺社仏閣にお参りする人々を鉄道に取り込むことも行われた。

鉄道網が拡大するにつれて、多くの人々が長い距離を移動するようになっていった。鉄道の歴史

で触れたように、こうした長距離を移動する人々を相手に、山陽鉄道は、明治年代に様々な鉄道関連サービスを、先陣を切って開始した。それは、食堂車や寝台車といった特別な車両の導入や、旅先での人々の宿泊施設としてのステーションホテルの経営などであった。

鉄道を使った団体旅行の発祥は伊勢参拝と修学旅行

鉄道旅行と旅行会社の関係には深いものがある。鉄道発祥の地、イギリスにおいては１８４１年、日本では徳川12代将軍家慶の時代、トーマス・クックが初めて団体列車を手配したといわれている。敬虔なクリスチャンのクックは禁酒運動に熱心であった。その禁酒運動の大会に信徒を多く参加させるために、高価であった列車切符の一括手配を考え、鉄道会社に掛け合い割安に手配することで日帰り旅行を成功させた。これが団体旅行の発祥といわれ、トーマス・クックはその後、旅行会社を興し、順調に業績を伸ばしていった。

日本の最初の旅行会社、現在も大手の日本旅行の発祥の経緯も滋賀県の草津駅で弁当を販売していた南新助氏が１９０５(明治38)年、伊勢神宮参拝の鉄道を利用した団体旅行を主催したことが始まりであった。

一方、子供たちの見聞を広め、体を鍛錬するために、明治10年代頃より旧制師範学校や旧制中学校では、宿泊を伴う徒歩での遠足が開始された。１８８７(明治20)年には、修学旅行という名称が生まれ法制化されたことにより一般化していった。そして一部の学校においては、行程中に鉄道を利用することもこの頃より開始されている。

鉄道のサービスと観光旅行

鉄道が路線網を広げ、輸送量を伸ばしていった1900(明治33)年には「鉄道営業法」が公布され、長距離運賃の割引制度も導入されることになった。明治時代の終わりごろになると、新聞社が観光目的の鉄道を利用する団体旅行の募集を始めた。参加したのは裕福な人々だったが、観光旅行は徐々に浸透し始めた。また、国際連絡運輸の進展により海外からの外国人旅客も増え、京都や日光、箱根といった観光名所へ行く際に鉄道が利用された。

大正から昭和の戦時色が濃くなる前までは、移動するための手段として鉄道を使った観光旅行は増えていった。1925(大正14年)に鉄道、バス、船舶の乗車券プラス宿泊券が一束になっている遊覧券と呼ばれる周遊券が発売された。鉄道の移動を快適なものにするために、特別急行列車が運転されるようになり、寝台車や食堂車もその数を増やし、シャワーバスを備えた寝台なども導入された。車窓を楽しむために、東京—下関間を走る特急「富士」には特別展望車が導入された。1931(昭和6)年には、金沢駅主催の北海道・樺太・十和田湖巡遊列車で、車内を畳敷きにしたお座敷列車のはしりといえるものを運行したという記録がある。こうした試みも、まだまだ、旅行が一般化していない庶民には、別世界の出来事であったと思われる。

鉄道旅行の大衆化

1945(昭和20)年太平洋戦争が終結し、それまでの戦時輸送体制も終わることとなった。修学旅行が復活し一般化していくのは、教育制度が変わり、経済状況が好転していった1955(昭和30)年頃である。そして、1959(昭和34)年、国鉄が修学旅行専用電車155系を導入した。列車は「ひので」「きぼう」と名付けられ、全国的に大きな反響を巻き起こし、各地の電化区間で修学旅行専用電車が配置されるようになっていった。また、この経済成長とともに隆盛してきたのが新婚旅行である。首都圏では熱海や箱根などの温泉地へ鉄道を利用して行くのが大ブームとなった。旅行はこの頃より大衆化が進展し、１９５５(昭和30)年には周遊券が復活した。また、１９５９(昭和34)年には、海水浴やスキー、スケートへ行く旅客対象の割引率が大きい季節ものの特殊企画乗車券も販売されるようになった。

東京オリンピック開幕を控えた１９６４(昭和39)年東海道新幹線が開業し、翌年には営業最高時速を２１０km／hとし、東京―新大阪間を3時間10分で結んだ。旅行はますます一般化し、１９６７(昭和42)年に、国鉄はエコノミークーポン(通称「エック」)という乗車券、急行券、指定席券、観光地でのバスなどの切符や宿泊券がセットされた観光クーポンの販売を開始した。「余暇を快適に、安価に、しかも便利にレクリエーションとしての旅行を楽しんでもらうためのクーポン」と、説明されている。鉄道での旅行が一般化して来た様子が、この説明文からもうかがえる。

そして、１９７０(昭和45)年、大阪で万国博覧会の開幕を迎えることになった。3月から半年間にわたって開催された万国博覧会のため、東海道新幹線は従来の12両から16両へ車両編成を拡充し、期間中延べ２０００本以上の臨時列車を運転した結果、全入場者数の14%にあたる９００万人を東海道新幹線は輸送した。また、それ以外も含めた万博における国鉄全体の輸送人員は約２２００万人となった。まさに鉄道旅行が大衆化したといえる。しかし、旅行形態は団体旅行が主流であった。万国博覧会が終了し、新たな鉄道需要を創造するために大掛かりなキャンペーンが開始された。それが一世を風靡した「ディスカバー・ジャパン・キャンペーン」である。１９７１(昭和46)年、Ｊ

ＴＢは日本初の国内パッケージツアー「エース」の販売を開始している。

経営危機に陥りつつあった国鉄は、その後「青春18きっぷ」や「フリーきっぷ」など、様々なお得な切符の販売を開始した。１等車、２等車は廃止されグリーン車と普通車となり、一定年齢以上の夫婦がこのグリーン車を利用できる「フルムーンパス」は１９８１(昭和56)年に発売された。旅行形態は団体旅行から個人旅行へ進みつつあったが、この頃も鉄道旅行は鉄道を移動の手段として利用するものがほとんどで、鉄道自体を目的とした旅行は、山口線や大井川鉄道のＳＬ列車が代表的なものであった。

鉄道で移動する旅ではなく、鉄道を目的とした旅へ

１９７０年代後半から特急寝台列車のアコモデーションの改良が行われた。例えば、Ｂ寝台車の基本寝台幅が52㎝から70㎝へ変更され、また、星の数による寝台列車表記や列車を牽引する機関車にヘッドマークを復活させるなどした。それが大々的にＰＲされ、撮影に訪れる少年の鉄道ファンが急増し、ブルートレインブームが始まった。撮影するだけでなく、実際にブルートレインへ乗車するファンも多かった。つまり移動手段ではなく、鉄道乗車そのものが目的になった旅行がブームになってきたといえる。現在もその目的は健在で、東京から北海道へ向かう「北斗星」や「カシオペア」などの寝台特急列車は、その列車に乗車することを目的とした人が多く、鉄旅の王道ともいえる。

１９７８(昭和53)年に出版された宮脇俊三著作の『時刻表2万キロ』は、鉄道が移動手段ではなく、国鉄全線に乗車することを目的とした旅行記である。簡潔な文章、風景描写、ユーモアを持っ

た文体は鉄道ファン以外にも広く受け入れられた。このベストセラーに触発されて、国鉄は「いい旅チャレンジ20000㎞」という国鉄全路線を乗車するキャンペーンを1980(昭和55)年から開始した。鉄道の全路線に乗車することが第一の目的となった旅が市民権を得ることになった。

1980年代後半に流行ったものでは、主に冬のスキー場へのアクセスに利用された北海道のジョイフルトレインがある。「アルファコンチネンタル」や「富良野エクスプレス」など、現地におけるスキー場アクセスの特別列車として大いに人気を博した。

旅行が個人化、少人数化するに伴い、物見遊山の周遊ではなく、目的が明確な旅行が増えてきた。その目的自体に鉄道もなってきている。現在は津軽鉄道の「ストーブ列車」、磐越西線の「SLばんえつ物語」、南阿蘇鉄道の「トロッコ列車」など、季節性はあるものの全国いたる所で、乗車すること自体が目的となったユニークな列車が運行されている。

高速道路網や航空網が発達し、様々な移動手段のある現在、移動手段として鉄道を利用した旅自体の比率は昔に比べると相対的に低下している。しかし、鉄道の旅でしか味わえない良さを否定する人は少ない。また、鉄道自体を目的とした旅行も増えていく可能性がある。今後は割引切符だけではなく、鉄道の旅自体をさらに魅力的なものに感じられるような仕掛けを生み出すことが必要かもしれない。

6 鉄道ファンの種類

鉄ちゃんと○○鉄

『鉄道ファン』という雑誌がある。これは1961(昭和36)年創刊で約半世紀も続いている老舗の鉄道趣味雑誌である。こうした鉄道ファンという言葉は古くからあるが、一方、鉄道ファン、鉄道マニアを揶揄するような表現で「鉄ちゃん」という表現がある。この表現が一般化していった時期は定かではないが、国内旅行が大衆化した1970年代後半といわれる。また、過度のマニア、趣味に没頭する人を「オタク」と称するが、これは、中森明夫氏が1983(昭和58年)年に発表したコラムからポピュラーになっていった名称である。マニア、趣味の対象ということを考えると、マンガ、ゲーム、音楽など様々な分野に没頭しているオタクが存在する。しかしながら、そのすそ野を考えると鉄道の分野は広大で、○○鉄と呼ばれる様々な鉄道マニア、オタクが存在しており、日本における潜在的な「鉄《てつ》」の数は、他の分野で匹敵するものはないと思われる。

音楽マニアにも、例えば、ヘビィメタル、ハードロック、ラップ、R&B、ジャズといった分野別のマニアは存在するが、○○ファン、○○マニア、○○オタクと呼ぶものの、それらを○○鉄と

カシオペア　旅の販促研究所撮影

括るような言葉は存在しない。この○○鉄と「鉄ちゃん」が省略化された表現は、２０００年代になってからのものだといわれ、様々なバリエーションを生んでいる。鉄道は男性が主体の趣味の分野であったが、最近は女性のファンも増加中であるという。

基本は車両鉄と撮り鉄

○○鉄と称される鉄道ファンは、学術的な系統はないが、様々に分類できる。
男の子が最初に興味を持つのは、鉄道車両の走る姿ではないだろうか。特に新幹線や特急列車といったスピードを誇り、独特のスタイルを持った車両にまず興味を覚えることが多い。また、子供向けの長寿番組であった「ひらけ！　ポンキッキ」で紹介された「きかんしゃトーマス」がきっかけで蒸気機関車に興味を持った幼児も多いという。こうしたことから車両そのものに興味を持ち、その対象を掘り下げていく、鉄道ファンの中でも最もコアな層を形成しているのが「車両鉄」である。各系列や形式の特徴を詳細に把握し車両分類に詳しい鉄、過去や現在の列車編成を詳細に把握している鉄など車両鉄にもいろいろな切り口が存在する。車両鉄は、雑誌や書籍、インターネットでの検索など、各種の資料を通じて様々に掘り下げることができる現在においては、旅そのものをしなくても十分に自分の嗜好を満足させられる環境にある。とはいえ、本物を見てみたい、乗ってみたいという欲求が強くあることも推察される。

車両鉄に始まったものの、実際に走る鉄道の写真や車両の写真など、鉄道写真に興味を覚え収集を図る「撮り鉄」というファンもいる。撮り鉄が車両の走行場面を現地で撮る場合、旅をする必要があるが、実際に有名な撮影ポイントは駅構内ではなく沿線にあることがほとんどであり、そのポイントまでは必然的に自動車を利用することとなる。そのため、鉄道で旅行することはどちらかというと付随的なものとなってしまうこともある。

撮り鉄まではいかないものの、ライトな鉄として「見る鉄」というものも存在する、鉄道に興味を持ち、一定程度の知識があるので、例えば、新型車両がデビューした際、何かの折にその車両を目にすると満足するといった層である。筆者が昔働いていた交通公社ビルは、丸の内の旧国鉄本社ビルの北側に線路と並行してあり、東京駅に発着する中央線、山手線、京浜東北線といった国電や東北・上越新幹線などをビルの窓越しに眺めることができた。上越新幹線で初めてＭａｘと呼ばれる全車両２階建て新幹線が導入された当時、そのＭａｘを見るのを楽しみにしていた同僚がいた。また、現在、天王洲にあるＪＴＢグループの本社ビルからは東海道新幹線大井車両基地に向かう連絡線を眺めることができる。その同僚は現在この本社ビルにいるが、架線や線路を走りながらチェックする「ドクターイエロー」と呼ばれる２編成しかない黄色の新幹線車両（検測車と呼ばれる）がその連絡線を通過するのを眺められた時、今日は幸運だと自慢げに話していた。

同じとり鉄でも「録り鉄」というものもある。鉄道にかかわる音を記録し、その音を後で比較したり、鑑賞したりするもので、駅の発車ベル、車内放送、走行音などがその録音の対象となる。機関車として、特徴があり最も走行音が楽しめるのは蒸気機関車だといわれる。国鉄で実用される蒸気機関車が廃止となっていった１９６０年代後半からは、その姿を撮ろうという撮り鉄だけでなく、ヘッドホンをし、マイクロフォン片手に当時は高価で大型であったカセットレコーダーを背負い込んで、プロの録音マンさながらに蒸気機関車の走行音を録る、録り鉄も多かったという。今はＩＣレコーダーなど小型で性能良い録音機材がある。隔世の感があるエピソードである。

案外多い時刻表鉄と収集鉄

「時刻表鉄」というものもある。現在はインターネットによる路線検索が容易なため、大きく重量感のある時刻表を目にするのも、書店や駅、旅行会社のカウンターといったところになってしまったが、１９９０年代初頭までは、出張のスケジュール作成に必須のもので、会社の総務関連部署には必ず1冊は置いてあったものである。この時刻表を眺めているだけで幸せというのが時刻表鉄である。その楽しみ方はいろいろあり、例えば今日は北海道へ行ってみようと、時刻表上で空想の旅のスケジュールを考え、旅に思いを巡らせる、無意識に時刻表を開いてそのページに記されている駅へ最寄り駅から行くための最短スケジュールを考える、稚内から鹿児島まで最短所要時間はどれくらいか、最長の一筆書き切符を考案するなど、枚挙に暇ない。旅との親和性は高いのだが、実際に旅に出るのではなく、あくまでも机上での空想旅行という性質を持ってしまうものらしい。

鉄道関連グッズの収集に凝る「収集鉄」という分野もある。例えば、切符や駅スタンプなどは比較的収集しやすいものであるが、それ以外にも列車に掲げられていた行先表示板、機関車のナンバープレート、駅名表示板、信号機、列車・電車・機関車の部品など、その収集対象パーツは無限である。ＪＲの特急列車の車両それぞれの行先表示器で、長い布製のものに行き先と列車名がかかれ、それを両端にある2つの棒それぞれが巻き込んで表示するものがあった。この盗むのも難しそうな布製の表示板が盗難にあったことがニュースになったこともある。また、いろいろな車両が廃止されるとその部品の即売会が開催されることも多い。こうした即売会やネットオークションなどは収集鉄にとっての絶好の収集機会となっている。

鉄旅マニアの乗り鉄

鉄旅と親和性が最も高いと思われるのは「乗り鉄」と呼ばれる、鉄道に乗車すること自体を目的にしている鉄だと思われる。例えば、宮脇俊三氏の『時刻表2万キロ』という著書で有名になった日本全国の鉄道（国鉄）を完全乗車することや、同じく『最長片道切符の旅』で紹介された北から南まで路線最長距離になる一筆書きの行き方を考案し、実際に切符を購入し踏破するといった乗り鉄もいる。２００９(平成21)年、「成田エクスプレス」の新型車両が導入されたが、新しく導入された様々な車両に乗車することを目的とした乗り鉄。新型車両だけではなく、五能線を走る「リゾートしらかみ」や、京都府の旧山陰本線の廃止路線を使い嵯峨野観光鉄道が運行しているトロッコ列車など、特色のある列車は全国各地至る所に存在している。こうした列車に乗車することを目的とした乗り鉄など、乗り鉄も様々なものがある。

筆者自身は余裕と時間さえあれば様々な鉄道に乗りに行きたいという願望を持っている。小さい頃から列車に乗ることが楽しみだったが、その魅力の源は車窓から眺める風景であったような気がする。夏休み家族旅行で仙台から帰る際に食堂車から眺めた那須連山にかかる夕陽、夜行列車の車窓に流れる家々の明かり、今ではほとんど見なくなったが本線から分かれ工場や倉庫に続いていった引込み線、こうした動いている列車の車窓に次々と展開していく風景は自分にとっては物語を読むことや、テレビや映画を見たりすることよりも夢中になれるものであったような感じがする。

注目される模型鉄・廃線鉄

最近、注目されているのは「模型鉄」である。模型鉄は好きな鉄道模型車両をコレクションし、それを走らせることから始まる。現在日本の鉄道模型で最も普及しているのは、Nゲージと呼ばれる軌道9㎜幅のもので、走らせるためには模型専用の線路とパワーパック、パワーユニットなどと呼ばれるコントローラーが必要であり、また、それを走らせるためのスペースが必要となる。線路は楕円形で、車両が止めて置けるよう側線などもセットしたレイアウトにする。ただ走らせるのでは勿体ないので、駅や踏切のミニチュア構造物を用意し、本物の雰囲気をより醸し出すために、ジオラマと呼ばれる鉄橋や周囲の風景をそのままミニチュア化したレイアウトを作る者もいる。

メディアで一時取り上げられ、今でも根強いファン層を持つのが「廃線鉄」である。ＪＴＢが出版した『廃線跡を歩く』の書籍はシリーズで10巻を数え、その他にも多くの廃線に関する書籍が発行されている。ＪＲ分割民営化の直前から北海道や九州では旧国鉄線の廃線が進んだが、こうした廃線跡を訪ねるのが廃線鉄である。

日本の鉄道ではなく、海外の鉄道を興味の範囲とする「海外鉄」もある。その他にも保存車両や保存鉄道に興味を持つ「保存鉄」、鉄道会社の制服に興味を持つ「制服鉄」、列車を動かす仕組みや鉄道に関する歴史を掘り下げる「研究鉄」といったように、○○鉄という分野は数限りないようである。

電車や機関車を運転するには法律で定められた資格（免許）が必要である。しかしながら、自動車の運転免許のように一般の人々を対象としたものではない。小さい頃に電車（機関車）の運転手になりたいと思った人は多いに違いない。それが、シミュレーションゲーム『電車でＧＯ！』が一世を風靡した理由であろう。このゲームのヒットは、鉄と呼ばれるコアな鉄道ファンだけでなく、ライトな鉄道ファンが数多く存在していたことが要因だろう。鉄道は真に広いすそ野を持った趣味の対象となっていると考えられる。

Column❶

あなたの「鉄ちゃん」・「鉄子さん」度は？

鉄道ファンの人たちは愛称も内容も様々

鉄道好きの人たちの愛称はいくつかあり、一般的なものとしては「鉄道ファン」「鉄道マニア」「鉄(テツ)」「鉄ちゃん」そして「鉄子」などがある。子どもの鉄道好きは「子テツ」と呼ばれていたり、鉄道ファン度を示す言葉として「鉄分」という言葉も生まれている。

また、ひとことに鉄道好きといっても、その内容は様々である。車両、鉄道写真撮影、鉄道旅行、鉄道関連グッズ収集、鉄道模型、鉄道関係の施設・設備、鉄道に関する音、時刻表などの分野があり、さらに細分化されている。これらの分野についても「撮り鉄」「乗り鉄」などの愛称がある。

これらの愛称について、まったく知らないという人は最近ではほとんどいないだろう。「鉄子」については、2007(平成19)年の「ユーキャン新語・流行語大賞」の候補語60語にも選ばれている。同様に、鉄道好きの人たちへの認知も高まってきている。

意外と多い「鉄ちゃん」・「鉄子さん」

鉄旅実態調査では、対象者自身の「鉄ちゃん」度・「鉄子さん」度について、最高を10点、最低を0点として、自己採点をしていただいた。

これを見ると、9～10点と確実に「鉄ちゃん」と自称する男性は3・6%、「鉄子さん」は1・9%、7～8点とかなり関心が高いと思われる人は、男性で19・2%、女性で10・9%となっている。5～6点を含めると男性はほぼ半数、女性では3割を超えており、鉄道に対して関心の高い旅行者は男女ともに意外と多いことが確認できる。

ただし、最近鉄道ファンが増えているといわれている女性層の年代別の傾向を見ると、60代は5点以上が半数、40代も4割強となっているのに対し、40代以下ではいずれも2割台に留まっており、若年層ほど低い得点の回答者が多くなっている。

若い女性へのアプローチも増えている

とはいえ、最近では、若い女性向けの鉄旅の楽しみ方が企画・提案されている。これらの動きの始まりは、マンガ『鉄子の旅』の人気だ。鉄道に興味のない女性漫画家が鉄道好きのトラベルライターに鉄道の旅に連れまわされるという内容で、コミックスは全6巻、アニメ化もされた。このマンガにより「鉄子」という名称が一気にメジャーとなり、同時に女性の鉄道好きにスポットがあたった。

ＪＴＢでは、若い女性をターゲットに「鉄旅ニッポン」というサイト内に「鉄旅ガールズプロジェクト」を立ち上げた。鉄旅好きの若い女性がメンバーで、「女の子による女の子のための鉄旅」を提案している。２００９(平成21)年には㈱ソニー・ミュージックダイレクトと共同で「女子の鉄旅」をテーマとしたコンピレーションアルバムを企画・発売した。

このほかにも様々な企画・提案が行われており、女性に人気の鉄道も増えてきている。若い女性が50代以上の「鉄ちゃん」・「鉄子さん」度に追いつくのも、もうすぐかもしれない。

図表「鉄ちゃん」・「鉄子さん」度

＊旅の販促研究所調査(2009年)

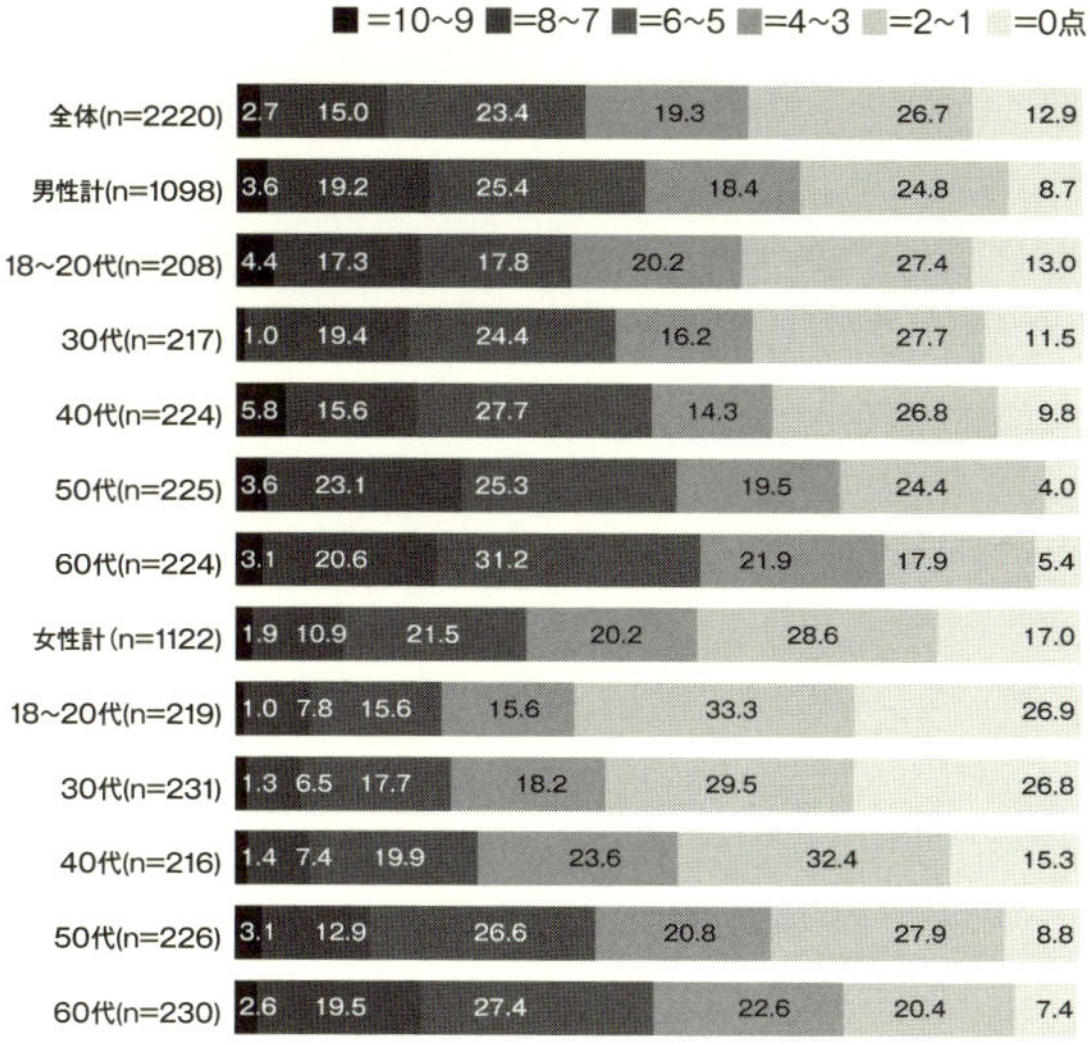

第2章

鉄旅の実態

1 鉄旅調査の概要

調査概要

鉄旅実態調査は、旅の販促研究所のオリジナルツールである「旅行者企画パネル」を利用し、最近1年以内に国内宿泊旅行を行っており、かつ、最近3年以内に海外旅行を行っている18～69歳の男女、つまり定期的に旅行を楽しんでいる一般の旅行者を対象として実施した。２００９年3月24日～27日の期間でインターネット調査により実施し、２２２０サンプルの有効回答を得た。

今回の実態調査は、鉄道旅行に関する各種文献や事前に行ったプレアンケートとグループインタビューの結果から、鉄道やその周辺領域を楽しむ旅行を目的別に分類し、それぞれの旅の経験度、印象に残る旅行中のシーンや今後の旅行意向などについて詳細に確認した。

57ページの分類表をご覧頂きたい。一見かなり細かく見えるが、それぞれの分類は各種の鉄道旅行や鉄道関連の書籍、旅行関連雑誌、旅行会社のパンフレットや新聞広告など、どこかで見たことがあるものばかりではないだろうか。そして鉄道に関する興味の程度はともかくとして、旅行中に鉄道に関するいずれかの要素を楽しんだ経験のある人は多いものと思われる。

鉄旅という言葉から、「鉄ちゃん」と呼ばれ、鉄道に関するなんらかの要素に強い興味を持つ鉄道ファンをイメージする人も多いであろう。最近は鉄道ファンの女性も増え「鉄子」と称されているようだが、このように鉄道への強い興味を持ち〝鉄道の側〟から鉄旅を志向する人がいる一方で、普段はそれほど鉄道を意識していなくても、テレビの旅行番組やドラマ、旅行雑誌などで紹介された路線の景観や、鉄道ならではの旅情を味わったりすることを目的とした〝旅行側〟からの鉄旅を志向する人も多い。

さらに、鉄旅なんてしている暇はないというビジネスマンでも、「N700系」などの新型車両が登場すると、次の出張を心待ちにした経験のある人も少なからずいるのではないか。鉄旅はこれら全ての人が主役であるが、このような鉄道に対する意識の高低、関心領域の違いから同じ分野を回答していても、期待しているものや印象が大きく異なっているケースも多い。逆に、一つの路線や鉄道といっても多くの楽しみを同時に提供してくれることから、自由回答を見ると同じ路線、鉄道の経験者でも回答のパターンは様々だ。いずれにしても、対象者本人が回答した分類がその人の鉄旅に対する期待であると考え、各分野の鉄旅の実態について詳細な分析を試みた。

①鉄旅プレアンケート調査

調査対象者：18〜69歳男女（全国）
旅の販促研究所「たびけんアンケートパネル」
調査期間：2009年2月25日〜2009年3月12日
調査方法：インターネット調査
有効回答数：281サンプル
主な質問事項：最近5年間の鉄旅経験、印象に残る鉄旅、今後してみたい鉄旅

海外で印象に残る鉄旅、鉄旅の思い出　など

②鉄旅グループインタビュー

調査対象者：最近1年間の鉄旅経験者　男女6名
調査期間：２００９年2月23日
調査方法：グループインタビュー
主な質問事項：国内旅行における鉄道へのこだわり、鉄旅の思い出など

③鉄旅実態調査（本調査）

内容は以下詳述

④現地取材

２００９年1月〜12月　日本各地

鉄旅実態調査（本調査）の調査設計

◇調査対象者：18〜69歳男女（全国）
最近1年以内の国内宿泊旅行経験者、かつ、最近3年以内の海外旅行経験者
旅の販促研究所オリジナルツール「旅行者企画パネル」
※㈱インテージのキューモニターをベースに構築した旅行者のアクティブ調査パネル
◇調査期間：　２００９年3月24日〜27日
◇調査方法：　インターネット調査
◇有効回答数：２２２０サンプル

図表 「鉄旅」に関する調査の回収内訳（単位:人）

内訳	全体	男性	女性
合計	2,220	1098	1122
18～20代	427	208	219
30代	448	217	231
40代	440	224	216
50代	451	225	226
60代	454	224	230

◇主な質問項目：

〈国内鉄旅について〉

鉄道にこだわった国内旅行経験・最近3年間の詳細テーマ別鉄旅経験

①魅力的な路線や地域での鉄旅　②こだわりの鉄道や列車の鉄旅

③鉄道に関するテーマの鉄旅

①～③の分類別の旅行頻度・印象に残っていること・

同行者・宿泊数・旅行費用・満足度・情報源

テーマ別の今後の鉄旅意向

今後行きたいと思う国内鉄旅

〈海外鉄旅について〉

海外鉄旅経験

海外の鉄旅で印象に残っている内容

今後行きたいと思う海外鉄旅

〈鉄旅に関連する事柄について〉

「鉄道」の好意度とその理由

「鉄ちゃん」・「鉄子さん」度

「ＪＴＢ時刻表」・「ＪＲ時刻表」の認知

鉄道博物館・鉄道公園など鉄道関連施設の訪問経験

鉄道にまつわる思い出

図表　鉄旅の分類

魅力的な路線や地域での鉄旅
①特定の路線・区間に乗ることを目的とした旅
②特定の地域の鉄道に乗ることを目的とした旅
③全線制覇を目的とした旅
こだわりの鉄道や列車の鉄旅
④寝台車や夜行列車を楽しむ旅
⑤お花見列車、ストーブ列車、SLなど期間限定のイベント列車を楽しむ旅
⑥新幹線・特急・急行の新型車両などの乗車を楽しむ旅
⑦新型の私鉄や第3セクターの列車を楽しむ旅
⑧路面電車やLRT、モノレール、軽便鉄道などを楽しむ旅
鉄道に関するテーマの鉄旅
⑨日本最北端の駅、秘境駅、歴史の残る駅舎など駅を訪ねる旅
⑩トンネル・橋梁・スイッチバック・アプト式・ループ線など鉄道関連の施設を楽しむ旅
⑪鉄道関連の写真や映像を撮る旅
⑫旅行先の駅で駅弁を買って楽しむ旅
⑬記念きっぷやスタンプラリーを楽しむ旅
⑭青春18きっぷを利用する旅

2 鉄旅好意度と理由

約8割が最近3年間の国内旅行で鉄道を利用

今回の調査は最近1年間に国内宿泊旅行経験があり、かつ最近3年間に海外旅行経験がある一般の旅行者男女を対象に、旅行における鉄旅の位置づけや各種鉄旅の経験、今後の意向等について確認した。

それでは実際にどのくらいの人が国内旅行で鉄道を利用しているのだろうか。最近3年間における調査対象者の国内旅行回数は全体平均で8・5回であり、年に平均すると約3回程度の旅行を行っている。

図表①はその内、鉄道を主要な交通手段として出かけた国内旅行回数の構成を示したものである。これを見ると、全体の77・3%が最近3年間の国

図表① 最近3年間の鉄道を利用した旅行回数

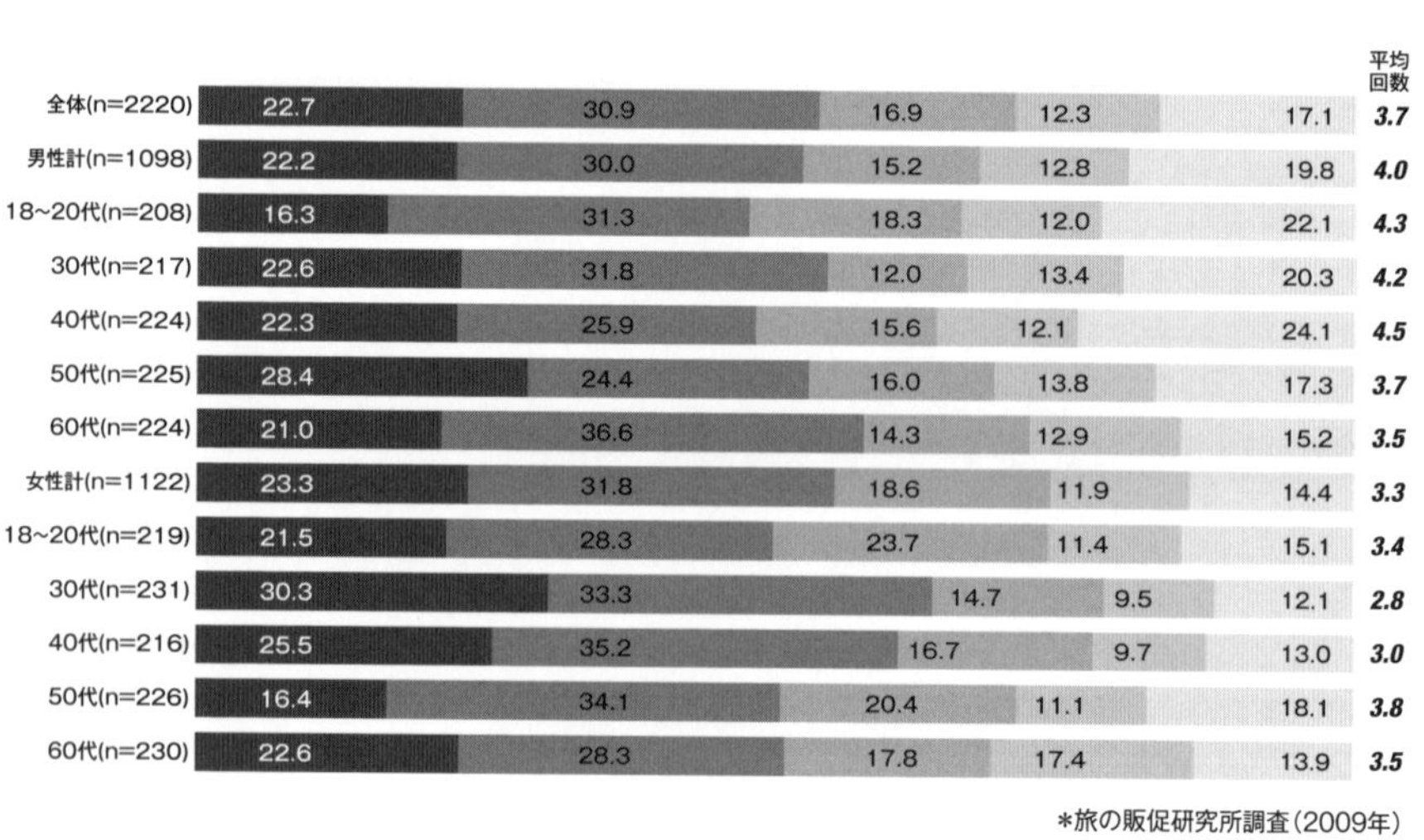

＊旅の販促研究所調査（2009年）

内旅行で鉄道を利用しており、平均回数は3・7回、年に平均すると1回以上となっている。旅行関連の調査の場合は、一般的には出張等のビジネス旅行を含めずに確認するケースも多いが、今回のテーマである「鉄旅」の場合は出張を兼ねて気になっていた鉄道に乗ってみる、ちょっと違うルートで周ってみるというようなケースも多いと考え、出張旅行も加えて確認している。40代以下の男性では平均回数が4回以上と全体を大きく上回っているのは、このことが要因となっていると思われる。逆に、50代男性と30代女性では、最近3年以内に鉄道旅行をしていない人が3割程度と比較的多く見られる。

ただし、これは単に国内旅行における鉄道の利用経験を示しているだけであり、若干でも意識的に鉄道や鉄道に関連することを旅行の目的とした旅行、すなわち「鉄旅」の経験度とはいえない。鉄旅の経験度は次節以降で詳しく説明するが、その前に旅行者が旅行の交通手段としての鉄道の利用

図表② 国内旅行における「鉄道」利用の好意度

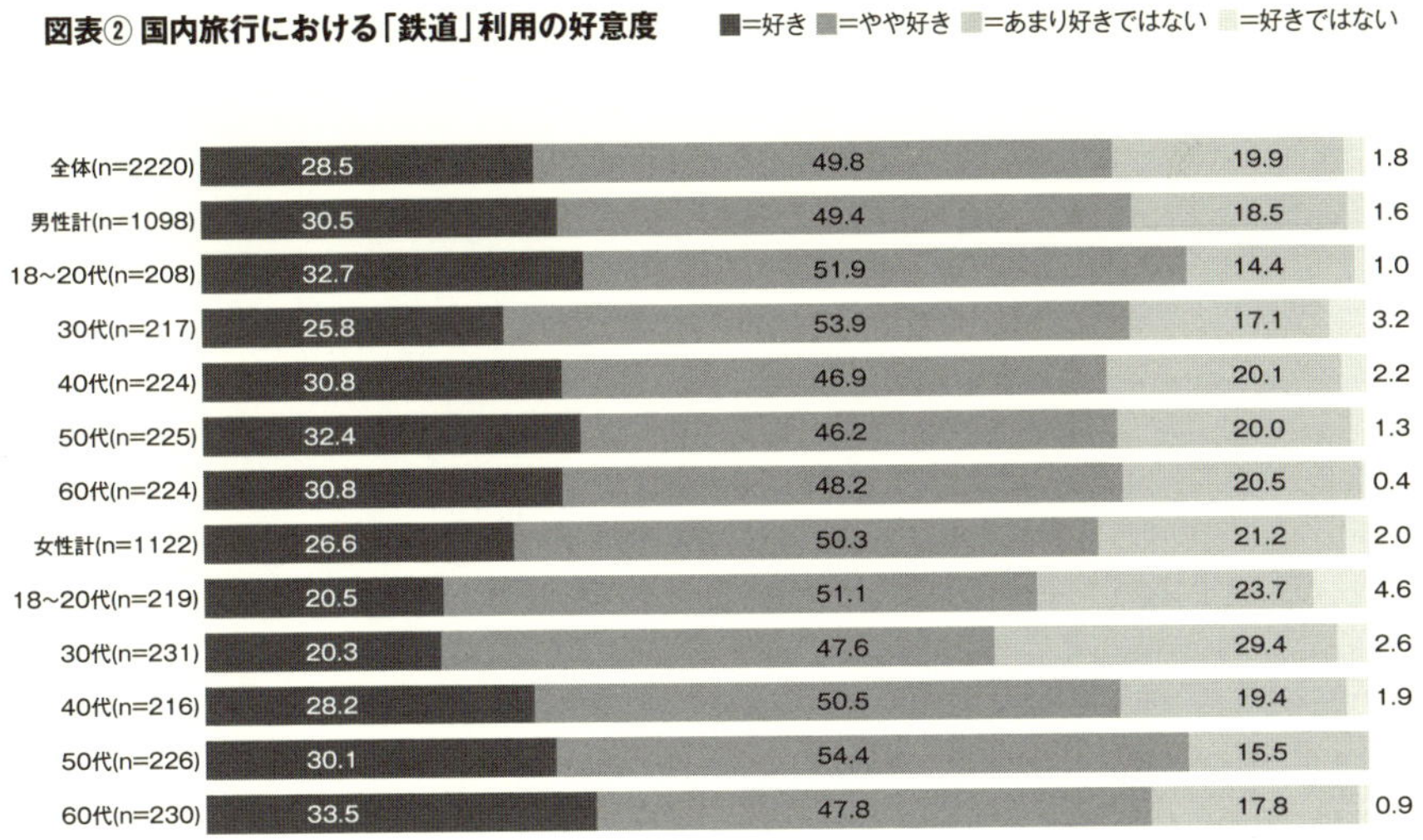

*旅の販促研究所調査（2009年）

についてどのように捉えているかを見てみよう。

国内鉄旅は8割が好意的

図表②は旅行の交通手段としての鉄道の利用についてどの程度の旅行者が好意的に考えているのかをストレートに確認した結果である。これを見ると国内旅行において鉄道を利用することに対しては全体の約8割と多くが好意的であり、28・5%が「好き」と積極的に評価している。㈶日本交通公社の『旅行者動向２００９』によると、２００８年において国内宿泊旅行の50・9%と半数がマイカーの利用となっているのに対し、列車の利用は21・6%程度となっている。ちょうど今回の鉄旅実態調査を行う直前の２００９年3月には、高速道路の休日１０００円化が施行されたが、そのような中でも鉄道での旅行を好意的に捉えている人は意外と多いことが分かる。鉄旅を積極的に評価している層は、小さい子供のいるファミリー層の多い30代

図表③ 鉄旅の良い点（国内旅行において鉄道利用が好きな人ベース）

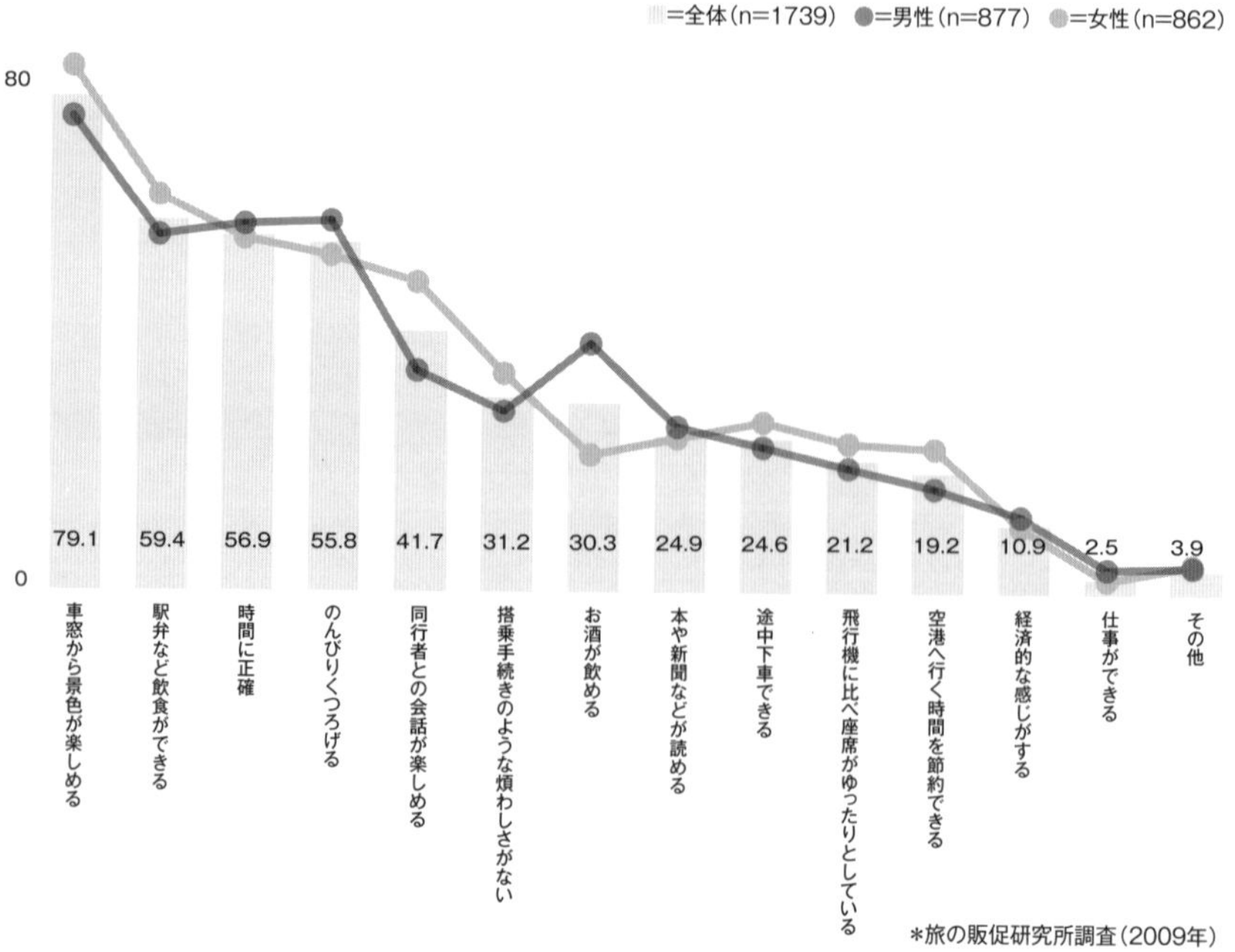

＊旅の販促研究所調査（2009年）

男女と18～20代女性でやや少ない以外、いずれの属性も3割程度となっている。

図表③は鉄道を利用した旅行の良い点について確認したものであるが、全体では、「車窓から景色が楽しめる」が79・1％でトップ。以下、「駅弁など飲食ができる」59・4％、「時間に正確」56・9％、「のんびりくつろげる」55・8％などが上位に挙げられており、さらに、女性では「同行者との会話が楽しめる」、男性では「お酒が飲める」などが大きな魅力となっているようである。

一方、鉄旅が好きでない理由としては、「乗り継ぎが面倒」「多くの荷物が運べない」が5割程度と多く見られ、特に女性で6割弱と多く見られる他、18～20代の男女では「車内での自由がない」「遅い・時間がかかる」、30代女性ではやはり「小さな子供などとの旅行が難しい」ことを理由として回答している人が多く見られた。（図表④）

図表④ 鉄道が嫌いな点（国内旅行において鉄道利用が好きでない人ベース）

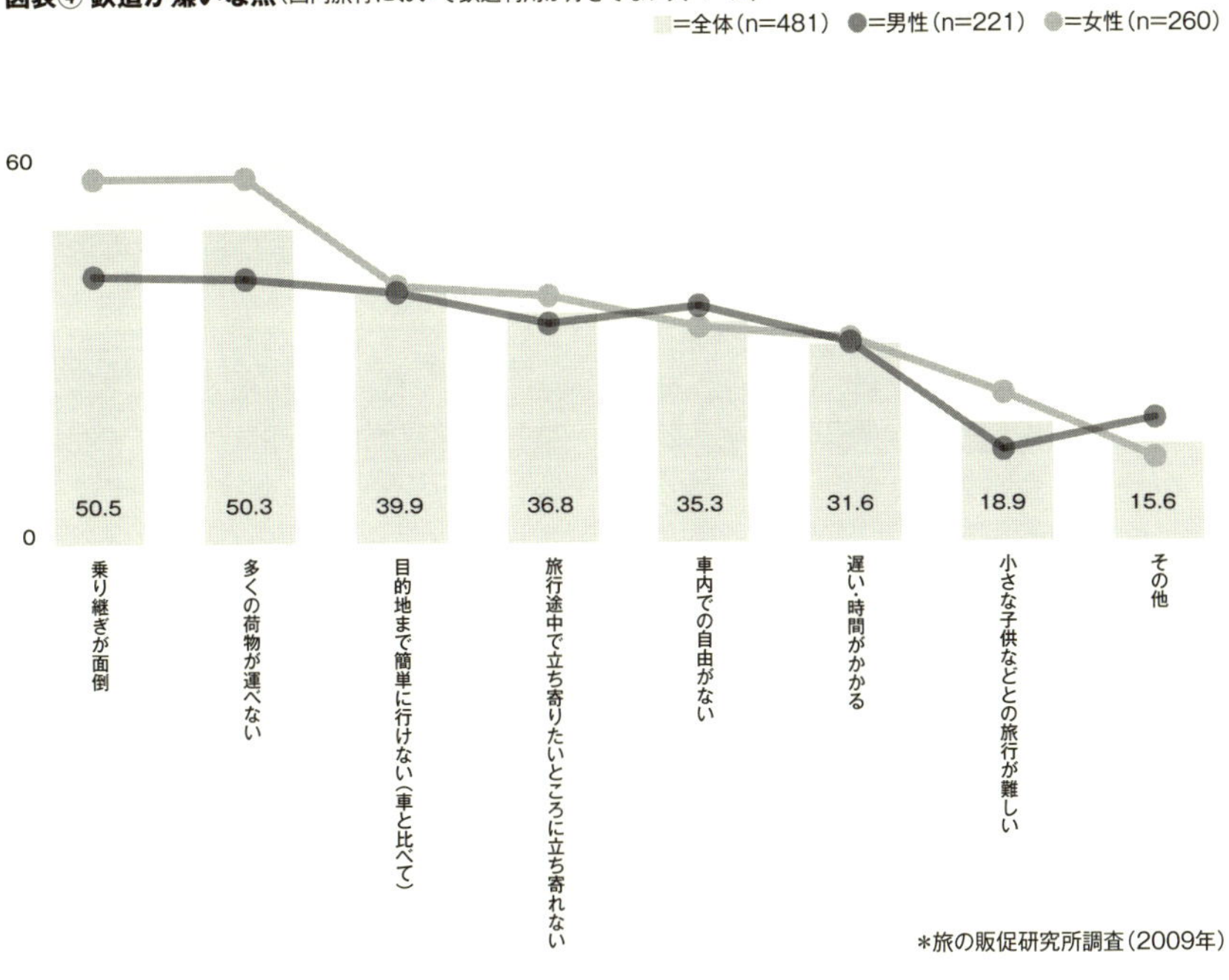

*旅の販促研究所調査（2009年）

3 鉄旅経験

全体の34％が最近3年間に「鉄旅」を経験

それでは実際にどのくらいの人が、鉄道や鉄道に関連することにこだわりを持って鉄道を利用する旅行、すなわち「鉄旅」を楽しんでいるのだろうか。

図表⑤は、最近3年間に国内旅行で鉄道を利用した人に対し、さらに、どの程度鉄道に乗ること、鉄道に関連することにこだわりを持って旅行したか、つまり鉄道に対する関心度を確認したものである。

これを見ると、最近3年間の鉄道を利用した国内旅行において、「鉄道に乗ることが主な目的ではないが、移動に関して鉄道にこだわったことがある」程度も含め、鉄道にこだ

図表⑤ 鉄旅関心度（最近3年以内の鉄道旅行経験者ベース）

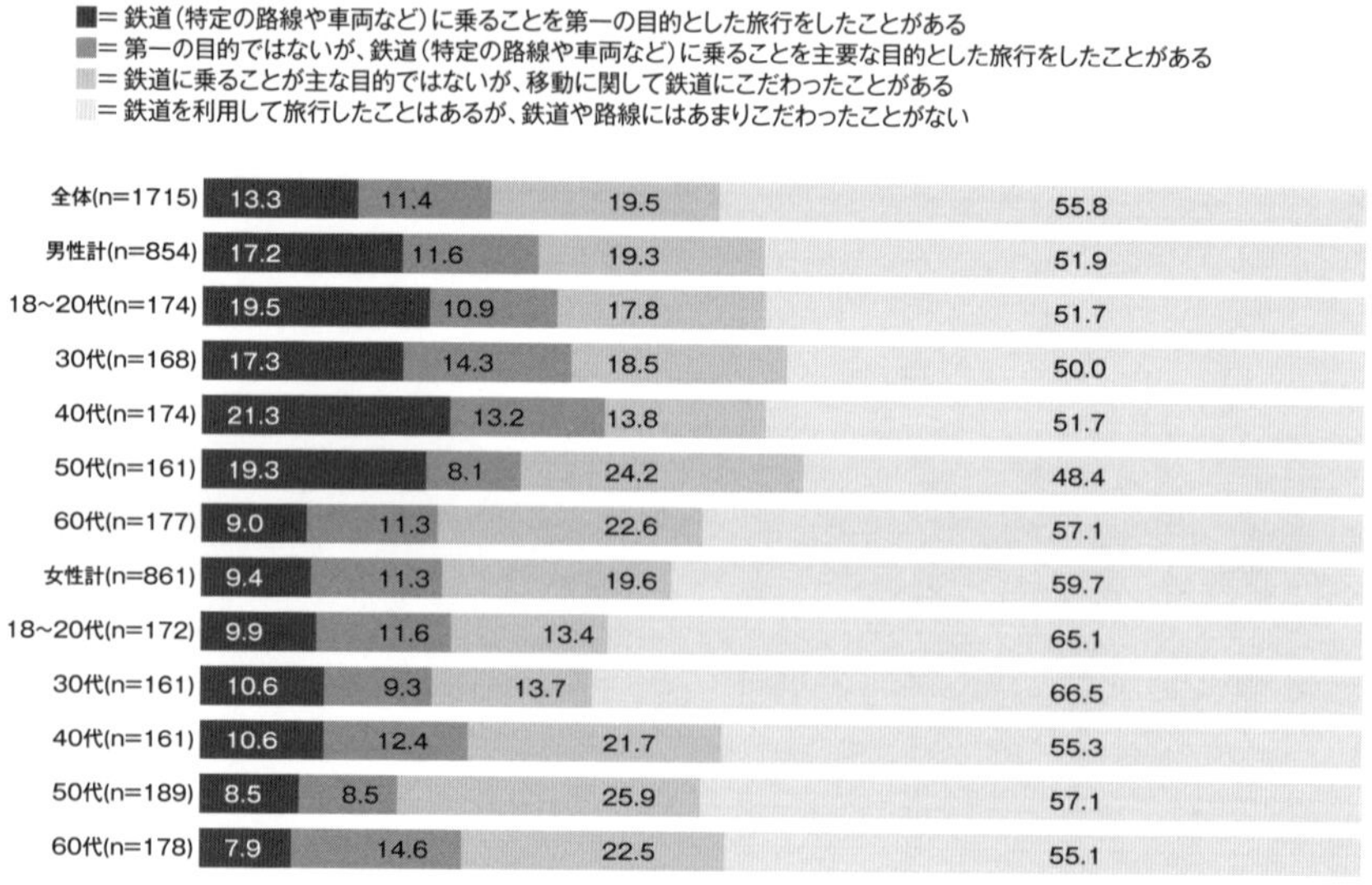

＊旅の販促研究所調査（2009年）

わった旅行としての鉄旅の経験者は44・2％（対象者全体の34・1％）を占めており、「鉄道（特定の路線や車両など）に乗ることを第一の目的とした旅行をしたことがある」という、鉄道や鉄道に関連することをメインの旅行目的とした国内旅行の経験者が13・3％、「第一の目的ではないが、鉄道（特定の路線や車両など）に乗ることを主要な目的とした旅行をしたことがある」人が11・4％、「鉄道に乗ることが第一の目的ではないが、移動に関して鉄道にこだわったことがある」人が19・5％となっている。

鉄道に乗ることを第一の目的とした旅行の経験者は50代までの男性では2割程度と多く見られるのに対し、女性はいずれの年代も1割前後となっている。男性でも60代では9・0％と50代までを大きく下回り、女性と同レベルとなっている。

また、最近は鉄旅を楽しむ女性が増えているようであるが、18〜20代、30代女性で若干でもこだわりを持って鉄道での旅行を楽しんでいる人は、男性や40代以上女性を大きく下回っている。ただし、鉄道に乗ることを第一、または主要な目的とした旅行の経験者の構成は40代以上と大きな差は見られない。

こだわりの鉄道や列車の鉄旅は30％が経験

今回の調査は鉄旅を『魅力的な路線や地域での鉄旅』『こだわりの鉄道や列車の鉄旅』『鉄道に関するテーマの鉄旅』の3つの要素に分類し、さらにその内容を目的別に細分化して各分類の経験度を確認した。図表⑥は最近3年間に鉄道を利用した国内旅行経験者における各分類の経験率を示している。

図表⑥ 鉄旅の分類別旅行実態

（n=1715: 最近3年以内の鉄道旅行経験者ベース）

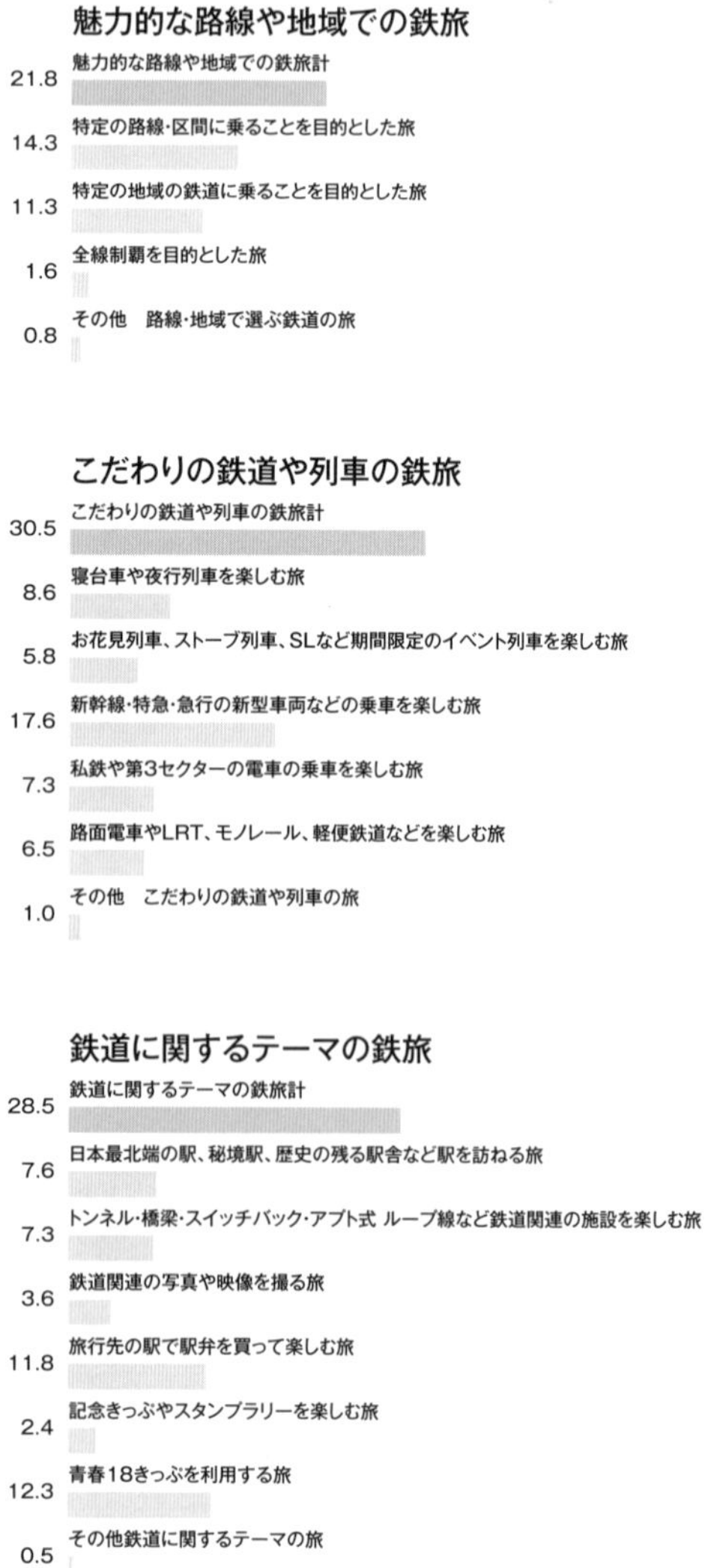

＊旅の販促研究所調査（2009年）

まず、『魅力的な路線や地域での鉄旅』は21・8％（全体の16・8％）が経験しており、内訳をみると、「特定の路線・区間に乗ることを目的とした旅」が14・3％、近い分類である「特定の地域の鉄道に乗ることを目的とした旅」も11・3％と比較的多く見られる。実際にこれらの両方を回答している対象者は多く、自由回答を見ると、JR東日本五能線、大井川鉄道など今話題の路線が数多く挙げられている。

『こだわりの鉄道や列車の鉄旅』は30・5％（同23・6％）が経験しており、内訳を見ると、「新幹線・特急・急行の新型車両などの乗車を楽しむ旅」が17・6％でトップとなっている。自由回答を見るとやはり「N700系」や「九州新幹線」といった回答が多く、出張の際の利用なども含むため経験者も多くなっているものと思われる。「寝台車や夜行列車を楽しむ旅」の経験者も8・6％と比較的多く、自由回答ではやはり豪華寝台列車の「カシオペア」「北斗星」「トワイライトエクスプレス」が人気であるが、2009(平成21)年3月14日のダイヤ改正で廃止された「富士／はやぶさ」や、「北陸」などのブルートレインの経験者も見られる他、18〜20代男性では、青春18きっぷユーザーには特に馴染み深い「ムーンライトながら」をはじめとするムーンライトシリーズなどのコメントも比較的多く挙げられている。

『鉄道に関するテーマの鉄旅』は28・5％（同22・0％）が経験しており、「青春18きっぷを利用する旅」が12・3％、「旅行先の駅で駅弁を買って楽しむ旅」が11・8％と比較的多く見られる。「青春18きっぷ」は若者層ばかりでなく、イメージしていた以上に年配層まで幅広く利用されているようだ。駅弁は鉄道旅行にはかかせない楽しみの一つであり、コメントでも全国の名物駅弁が挙げられているが、事前にインターネットで何を食べるかを調べたり、わざわざ駅弁を食べることを主要な目的に旅行したという人も見られた。また、鉄道に関するある程度の知識が必要と思われる「日本最北端の駅、秘境駅、歴史の残る駅舎など駅を訪ねる旅」や「トンネル・橋梁・スイッチバック・アプト式・ループ線など鉄道関連の施設を楽しむ旅」なども7％程度と比較的多く見られ、意識的に鉄旅を楽しんでいる人は意外と多いことが確認できる。

4 魅力的な路線や地域での鉄旅の実態

魅力的な路線や地域での鉄旅は男性向け

では、『魅力的な路線や地域での鉄旅』の詳細を見てみよう。(図表⑦)

この分類に含めた「全線制覇を目的とした旅」は鉄道マニアにおける乗り鉄でもハードルが高いものと思われるが、〝五能線の旅〟、〝くしろ湿原ノロッコ号の旅〟といったように、テレビの旅行番組でも度々紹介され、旅行会社の商品としても売り出されている特定の路線や区間、魅力的な地域の鉄道の旅などは、一般の旅行者でも興味を持つ人は多いのではないか。

「特定の路線・区間に乗ることを目的とした旅」は最近3年間の鉄道を利用した国内旅行経験者の14・3%、「特定の地域の鉄道に乗ることを目的

図表⑦ 魅力的な路線や地域での鉄旅経験率(最近3年以内の鉄道旅行経験者ベース)

	n	特定の路線・区間に乗ることを目的とした旅	特定の地域の鉄道に乗ることを目的とした旅	全線制覇を目的とした旅	その他路線・地域で選ぶ鉄道の旅	最近3年間の平均旅行回数
全体	1,715	14.3	11.3	1.6	0.8	2.6
男性計	854	18.1	15.1	2.7	1.1	2.9
18~20代	174	20.1	15.5	4.6	–	3.9
30代	168	14.9	14.3	3.0	–	2.4
40代	174	20.1	16.7	3.4	1.7	3.0
50代	161	21.7	16.1	1.9	1.2	3.1
60代	177	14.1	13.0	0.6	2.3	1.9
女性計	861	10.6	7.5	0.6	0.5	2.1
18~20代	172	6.4	5.8	0.6	–	2.4
30代	161	9.3	9.3	–	–	2.5
40代	161	9.3	6.8	–	–	1.8
50代	189	11.6	8.5	1.6	1.1	1.9
60代	178	15.7	7.3	0.6	1.1	1.9

※■=全体を5%以上上回る値

※最近3年間の平均旅行回数はいずれかの鉄旅経験者ベース

＊旅の販促研究所調査(2009年)

とした旅」は11・3%が経験があるとしており、これらは近い分類であるため重複して回答している人も多かった。「特定の路線・区間に乗ることを目的とした旅」は18〜20代、40〜50代の男性で2割程度と多く見られ、男性での経験率は18・1%となっているのに対し、女性は10・6%程度と男性を大きく下回るものの、60代女性では15・7%と全体を上回っている。「特定の地域の鉄道に乗ることを目的とした旅」については男性の15・1%に対し、女性は7・5%程度となっている。

「全線制覇の旅」については、18〜20代男性の4・6%、30〜40代男性でも3%程度が経験があるとしているのには驚く人も多いであろう。全線制覇というと鉄旅のカリスマである宮脇俊三氏が国鉄全線の完乗を綴った『時刻表2万キロ』や『最長片道切符の旅』、最近ではNHKで放映された関口知宏氏の「列島縦断　鉄道12000キロの旅」などを思い浮かべる人も多いだろう。しかし、自由回答を確認すると、まさに乗り鉄としてこのような鉄旅を行っていることがうかがえる人は1名だけで、その他の人は最近の鉄旅で印象に残った内容を楽しくコメントしており、あまり肩を張らずに個々に設定した〝制覇〟の旅を楽しんでいることがうかがえる。

図表⑧ 同行者（魅力的な路線や地域での鉄旅経験者ベース）

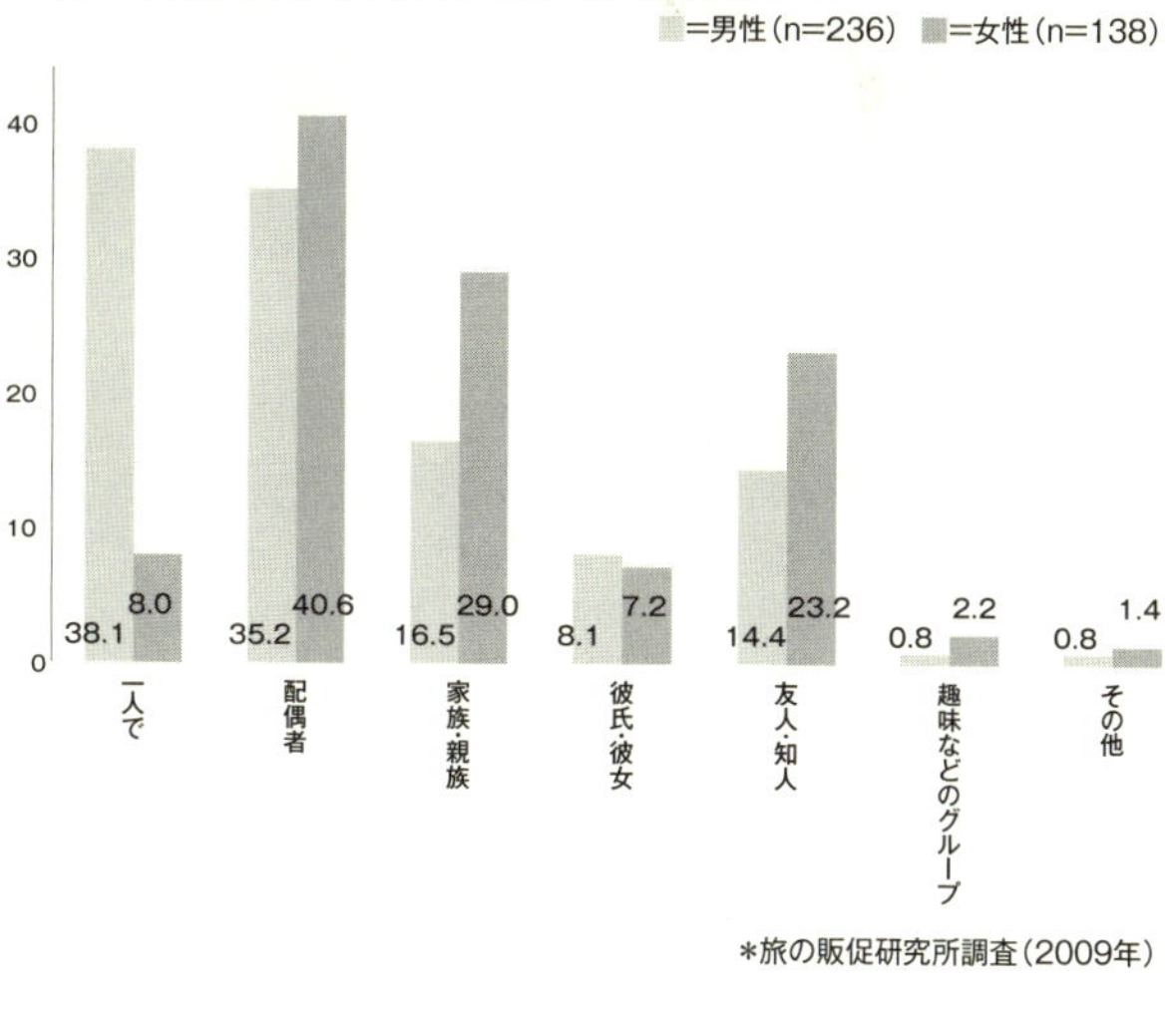

＊旅の販促研究所調査（2009年）

男性はひとり旅か夫婦で、女性は夫婦・家族・友人と

『魅力的な路線や地域での鉄旅』の旅行内容について概観してみよう。

最近3年間の旅行回数（図表⑦）は全体平均で2・6回となっており、18～20代男性では約4回、40～50代男性でも3回と全体を上回っている。

同行者（図表⑧）は男女で大きく傾向が異なり、男性はなんと「一人で」が38・1％と最も多く、以下、「配偶者」35・2％、「家族・親族」16・5％の順。女性は「配偶者」が40・6％で最も多く、「家族・親族」29・0％、「友人・知人」23・2％の順となっている。

旅行形態（図表⑨）を見ると、「旅行会社のパッケージツアーの利用」は全体の13・9％、「自分でプランを考え旅行会社で手配」が27・0％、「きっぷや宿泊施設など個人で手配」が57・0％となっている。旅行会社のパッケージツアーの利用は、50代女性で31・4％と多く見られる他、40

図表⑨ 旅行形態（魅力的な路線や地域での鉄旅経験者ベース）

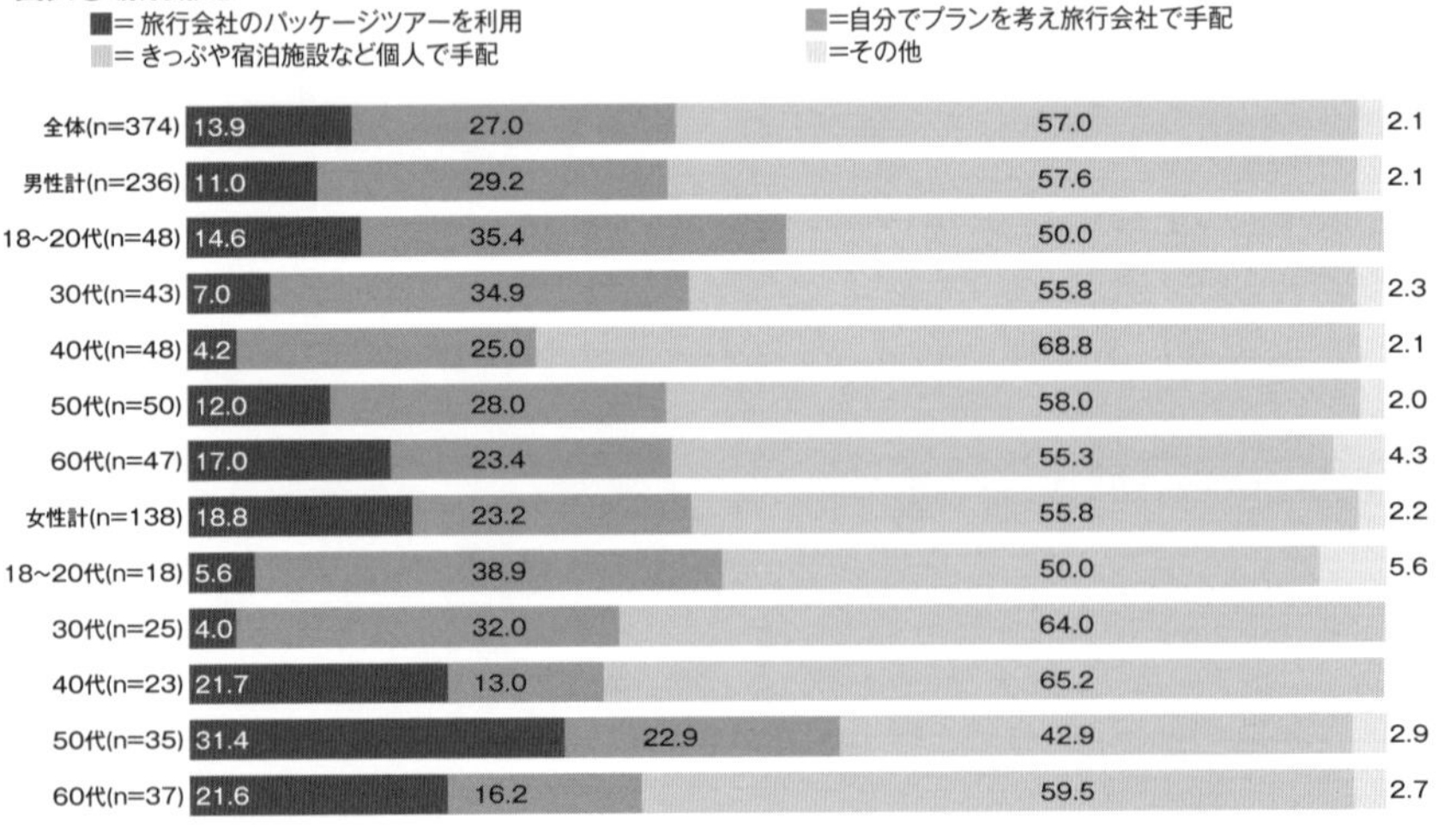

＊旅の販促研究所調査（2009年）

代と60代の女性でも2割強と比較的多く、男性では60代で17・0％、18〜20代男性で14・6％と比較的多く見られる。

人気は鉄旅の楽しみが凝縮された路線

この分類の鉄旅で印象に残っていることなどを自由回答で確認したが、コメント中最も多く挙げられた路線は秋田県東能代から青森県川部間の日本海沿いを走るＪＲ五能線である。ＪＲ東日本の「五能線の旅」をはじめ旅行会社各社が「リゾートしらかみ」を利用したツアーを造成しており、テレビの旅番組などでも頻繁に紹介されている路線で、荒涼とした日本海の風景、世界遺産の白神山地、津軽のりんご園などの景観、秘境感漂う駅舎や温泉など観光資源が豊富で、途中駅からのオプショナルツアー、体験ツアーなども豊富だ。観光列車の「リゾートしらかみ」はリクライニングシートやセミ・コンパートメント席、ラウンジなど設備が充実しており、車窓をゆっくり観賞できる車両で、津軽三味線などの車内ライブが行われるなど、この路線だけで鉄旅の多くの要素が満喫できる。

その他、北から順番に広大な釧路湿原をゆっくりと走るＪＲ北海道釧網本線「ノロッコ号」、三陸のリアス

釧網本線くしろ湿原ノロッコ号　旅の販促研究所撮影

式海岸沿いを走る第3セクターのトップランナーでもある三陸鉄道、廃線の危機を「ぬれ煎餅」や様々な施策で乗り切った銚子電鉄、桜、紫陽花、紅葉など四季折々の箱根を満喫できる箱根登山鉄道、天竜川沿いを走り、南アルプス、中央アルプスなどの南信州の景観、秘境駅の宝庫としても有名なＪＲ東海飯田線、大井川沿いの美しい景観の中をＳＬが走る大井川鉄道、日本の鉄道で最も高い八ヶ岳の麓を走るＪＲ東日本小海線、旧国鉄が選定したといわれる日本の三大車窓の一つである矢岳越などの景観と１００年前から使われ続けている木造の嘉例川《かれいがわ》駅など見所の多いＪＲ九州肥薩線など、いずれも車窓からの景観だけではなく、鉄旅のいろいろな魅力が楽しめる路線のコメントが多く挙げられている。

非常に満足度の高い魅力的な路線や地域での鉄旅

『魅力的な路線や地域での鉄旅』については、97・9％とほとんどの経験者が満足したと評価しており、62・３％が「満足」と積極的に評価している。（図表⑩）

サンプル数が少ないため参考程度ではあるが、他の属性と比べ経験度の低い18〜20代女性や40代女性の経験者では8割弱と多くが積極的に評価しているのに対し、30〜40代男性では半数程度とややシビアな評価となっている。また、分類別での経験者の評価に大きな差は見られない。

調査対象者のコメント（性年齢・居住地）

「東北の五能線に乗りにいった。日本海を見ながら走るローカル線のムードは良いし、途中に白神山地や海に臨む温泉があってよい」（男性30代・首都圏）

「五能線に乗って日本海や山などを見ながらの旅はとてもよかったです。電車の中で津軽三味線を弾いてくださったり、普通にはできない体験をしました」（女性60代・首都圏）

「大井川鉄道。昔親しんだ京阪電鉄のテレビカーや南海電鉄の流線型の電車に再会でき、ＳＬにも乗ることができた。南アルプス線はアプト式の機関車があり景色もとてもよく、とても満足した」（男性50代・関西圏）

「銚子電鉄は赤くてかわいいレトロな電車で、のんびりと田園風景や海の景色を楽しみました。一面のキャベツ畑も圧巻でした」（女性60代・関西圏）

「紅葉の季節に飯田線の各駅停車に乗った。天竜峡で紅葉を見て温泉に入り、天竜川のすぐ近くをゆっくり走る列車はのんびりできる」（女性60代・首都圏）

図表⑩ 満足度（魅力的な路線や地域での鉄旅経験者ベース）■=満足 ■=やや満足 ■=やや不満 ■=不満

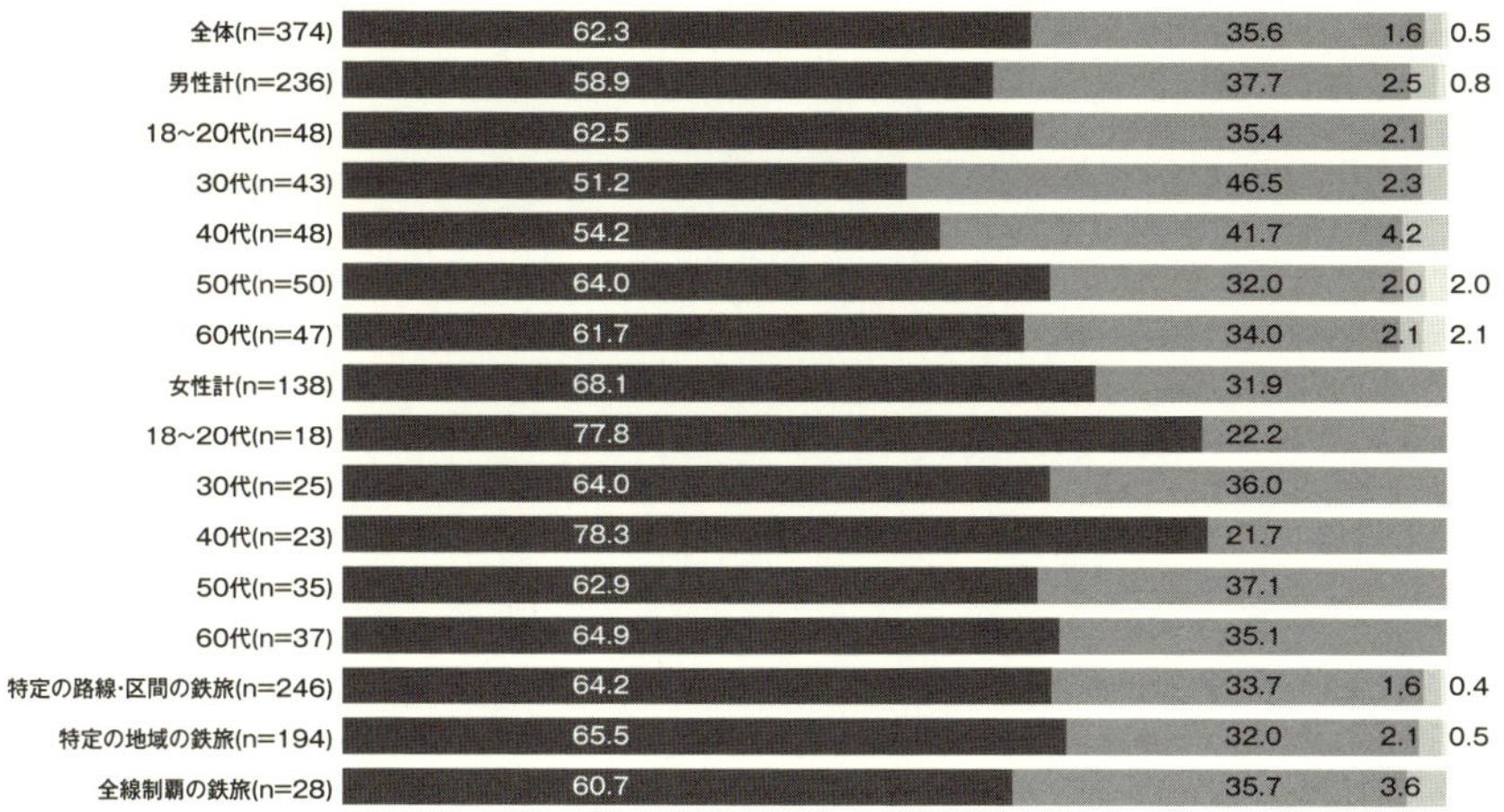

＊旅の販促研究所調査（2009年）

5 こだわりの鉄道や列車の鉄旅の実態

列車そのものを楽しむ鉄旅経験者は意外と多い

『こだわりの鉄道や列車の鉄旅』は寝台特急や夜行列車、お花見列車やSLなどの期間限定のイベント列車、新幹線「N700系」などの新型車両、魅力的な車両の多い私鉄やローカルな気分が満喫できる第3セクターの列車、地方都市の趣のある交通手段である路面電車や新しい交通手段としてのLRTやモノレールなど、単に目的地への移動手段としてではなく、車両や列車に乗ることを目的とした鉄旅の分類である。

内訳（図表⑪）を見ると、「新幹線・特急・急行の新型車両などの乗車を楽しむ旅」は最近3年間の鉄道を利用した国内旅行経験者の17・6％が経験あるとしており、特に30～50代男性では2割台と多く見られる。やはり、自由回答では「N700系」や「九州新幹線」などが多く挙げられており、出張などの機会に新型車両などに乗ることを楽しみにしているビジネスマンも少なからずいることがポイントを上げているものと思われる。その他、2004(平成16)年にハイブリッド列車を導入したJR小海線などが挙げられている。

「寝台車や夜行列車を楽しむ旅」の経験者は8・6％で、18～20代男性では17・2％と多く見られる他、30～40代男性と30代女性が1割程度で次いでいる。自由回答を見るとやはり人気の豪華寝台特急「カシオペア」「北斗星」「トワイライトエクスプレス」などの列車名が多く挙げられており、女性はこれらの経験者がほとんどであったが、経験率の高い18～20代男性では、青春18きっぷで利用できる夜行列車「ムーンライトながら」（東京―大垣）などの「ムーンライトシリーズ」が比較的多く挙げられている他、2009（平成21）年3月14日のダイヤ改正で廃止された「はやぶさ」（東京―熊本）、「富士」（東京―大分）や、「北陸」（東京―金沢）などのブルートレイン、「サンライズ瀬戸・出雲」などの乗車経験者も見られた。

3位は「新型の私鉄や第3セクターの列車を楽しむ旅」で7・3％。箱根、日光や鬼怒川温泉、伊勢や南紀などのメジャーな観光地へ快適で魅力的な車両を運行している小田急電鉄、東武鉄道、近鉄や、第3セクターでは三陸鉄道、わたらせ渓谷鉄道などが挙げられている。

「路面電車やLRT、モノレール、軽便鉄道な

図表⑪ こだわりの鉄道や列車の鉄旅経験率（最近3年以内の鉄道旅行経験者ベース）

	n	寝台車や夜行列車を楽しむ旅	お花見列車、ストーブ列車、SLなど期間限定のイベント列車を楽しむ旅	新幹線・特急・急行の新型車両などの乗車を楽しむ旅	新型の私鉄や第3セクターの列車を楽しむ旅	路面電車やLRT、モノレール、軽便鉄道などを楽しむ旅	その他こだわりの鉄道や列車の旅	最近3年間の平均旅行回数
全体	1,715	8.6	5.8	17.6	7.3	6.5	1.0	2.1
男性計	854	11.1	6.4	21.9	8.3	6.4	0.9	2.1
18~20代	174	17.2	7.5	17.8	4.6	6.9	0.6	2.7
30代	168	11.3	7.7	23.8	9.5	7.1	−	1.7
40代	174	11.5	7.5	24.1	11.5	9.8	2.9	2.2
50代	161	8.7	5.6	25.5	8.7	5.0	0.6	2.2
60代	177	6.8	4.0	18.6	7.3	3.4	0.6	1.9
女性計	861	6.0	5.1	13.4	6.4	6.5	1.0	2.1
18~20代	172	5.2	2.9	10.5	4.1	7.6	1.7	1.7
30代	161	9.9	5.0	11.2	5.0	5.0	−	2.1
40代	161	7.5	7.5	13.0	5.6	6.8	1.2	1.9
50代	189	3.7	5.3	16.9	6.9	5.8	1.1	2.7
60代	178	4.5	5.1	14.6	10.1	7.3	1.1	1.9

※■＝全体を5%以上上回る値
※最近3年間の平均旅行回数はいずれかの鉄旅経験者ベース
＊旅の販促研究所調査（2009年）

どを楽しむ旅」が6・5%で次いでいる。路面電車といえばやはり日本一の路面電車網といえる広島電鉄であり、広島の市内観光や宮島への便利な交通手段として旅行者の利用も多いであろう。「グリーンムーバー」という車両名も含め自由回答でも最も多く挙げられている。その他、路面電車では、長崎、岡山、松山などの都市が挙げられている。

旅行会社の商品が多く造成されている「お花見列車、ストーブ列車、SLなど期間限定のイベント列車を楽しむ旅」は5・8%で5位となっている。JR五能線に五所川原でつながる津軽鉄道の「ストーブ列車」や、五能線と同様にJR東日本が商品を造成している「SLばんえつ物語」、JR西日本では「SLやまぐち号」なども人気があり、自由回答でも挙げられてはいるが、期間が限定されているものが多く、人気の路線はなかなか予約できないこともあるためか、意外にも私鉄や第3セクター、路面電車などの結果を下回っている。その他、箱根登山鉄道の「あじさい」「紅葉」などもこの分類に挙げられている。

女性層でのパッケージツアーの利用が比較的多い

『こだわりの鉄道や列車の鉄旅』の旅行内容を概観

図表⑫ 同行者（こだわりの鉄道や列車の鉄旅経験者ベース）

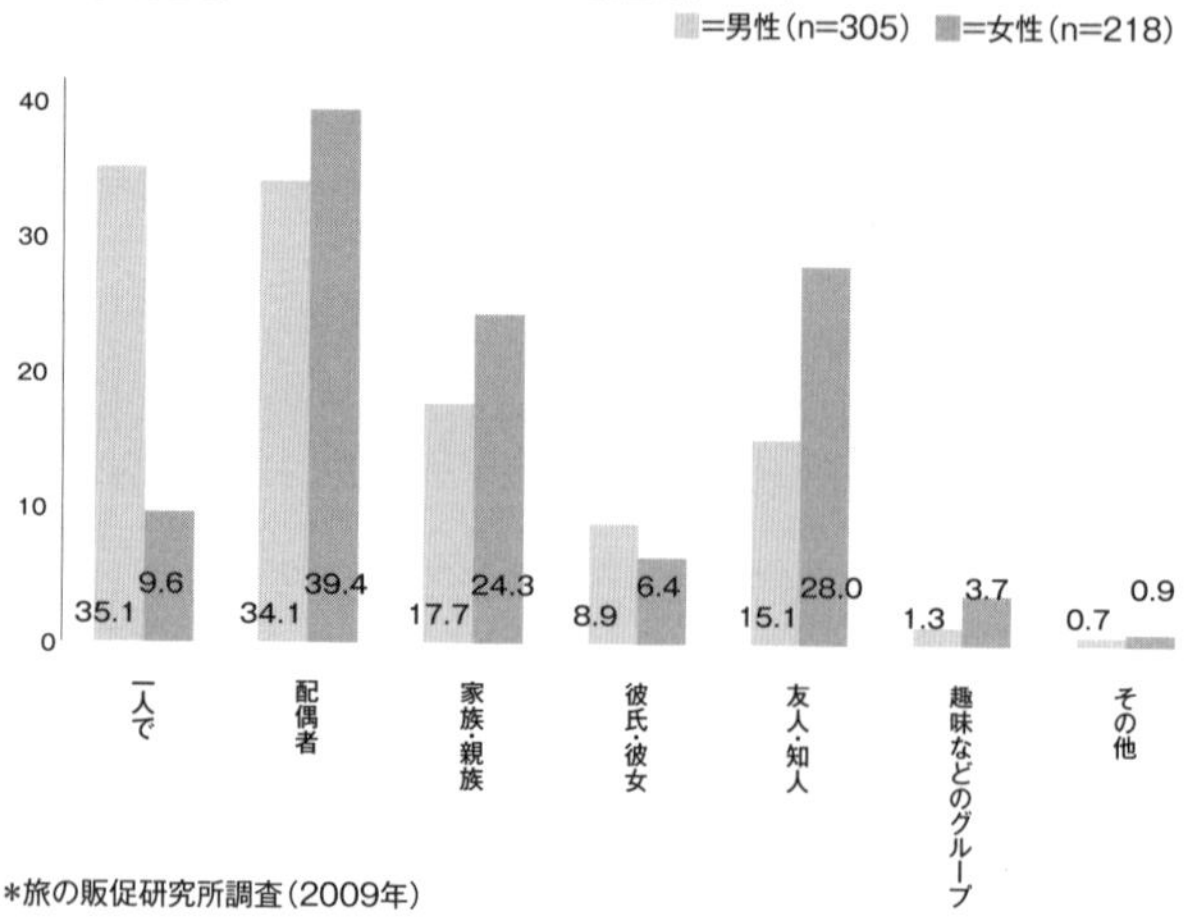

＊旅の販促研究所調査（2009年）

すると、最近3年間の旅行回数（図表⑪）は全体平均で2・1回となっており、18～20代男性と50代女性で2・7回と全体を上回っている。同行者（図表⑫）は男女で大きく傾向が異なり、男性は「一人で」が35・1％、「配偶者」が34・1％で並び、以下、「家族・親族」17・7％、「友人・知人」15・1％の順。女性は「配偶者」が39・4％で最も多く、以下、「友人・知人」28・0％、「家族・親族」24・3％の順となっている。

旅行形態（図表⑬）を見ると、「旅行会社のパッケージツアーの利用」は全体の19・3％、「自分でプランを考え旅行会社で手配」が20・7％、「きっぷや宿泊施設など個人で手配」が58・3％となっており、前述の『魅力的な路線や地域での鉄旅』の実態と比べ、旅行会社のパッケージツアーの利用が多くなっている。特に、50代女性で36・7％と多く見られる他、30代女性と60代男女でも3割弱とパッケージツアーの利用者が多く見られる。

図表⑬ 旅行形態（こだわりの鉄道や列車の鉄旅経験者ベース）

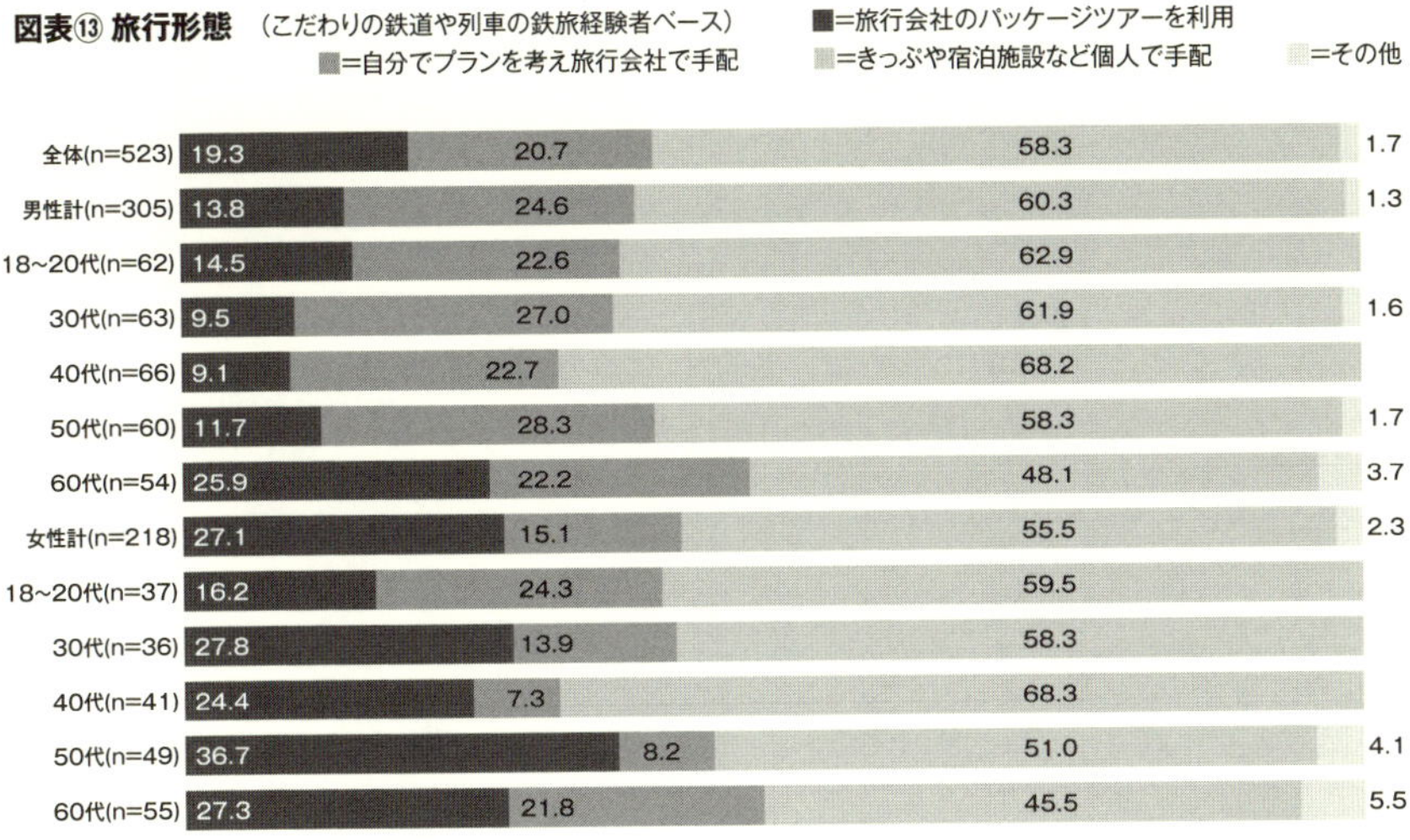

＊旅の販促研究所調査（2009年）

積極的満足度が非常に高い「寝台車や夜行列車を楽しむ旅」

『こだわりの鉄道や列車の鉄旅』については、97・2%とほとんどの経験者が満足したと評価しており、62・0%が「満足」と積極的に評価している。（図表⑭）

ただし、4割弱と多くが旅行会社のパッケージツアーを利用している50代女性での評価が53・1%と他の属性を大きく下回っている。

また、各分類における経験者別の評価を見ると、「寝台車や夜行列車を楽しむ旅」の経験者で積極的に評価している人が66・0%と最も多くなっている。

調査対象者のコメント（性年齢・居住地）

「札幌―上野の北斗星。寝転んだまま道央の原野を眺めたり、道南のいか釣りの灯を見ていたりとのんびりとした時間の使い方がすごく楽しかった」（男性20代・北関東甲信越）

「実家への帰省に一度寝台特急富士を利用したいと思っていたが、今回廃止になると聞いたので今年の冬の帰省に富士を利用した」（男性30代・首都圏）

「北斗星に乗ってみたくて北海道まで行きました。飛行機なら2時間もあれば着いてしまいますが、食堂車でご飯を食べたり、青函トンネルの長さに驚いたり、一度は乗ってみて良かったと思っています」（女性30代・首都圏）

「憧れのカシオペアに乗って北海道に行きました。乗る前からテンションが上がりっぱなしで、真夜中にも停車するたびに写真を撮ったりしていました。次は北海道から乗ろうと思います」（女性40代・東海北陸）

「サンライズ出雲の寝台車の旅。夜空を見ながら個室の旅が比較的安い値段で出来ました」（女性50代・首都圏）

「青森、五所川原で乗ったストーブ列車でしょうか。待っている間とても寒くて、ツアーだったのですが、ご一緒だった方たちがするめなどを買って、列車の中で焼いて私達にも下さいました。せまい列車の中なので余計に一体感が生まれとても楽しかったです」（女性50代・首都圏）

「山口県津和野と萩間のSLやまぐち号に乗ったこと。津和野の古い街並」（男性50代・関西圏）

図表⑭ 満足度　（こだわりの鉄道や列車の鉄旅経験者ベース）　■=満足　■=やや満足　■=やや不満　■=不満

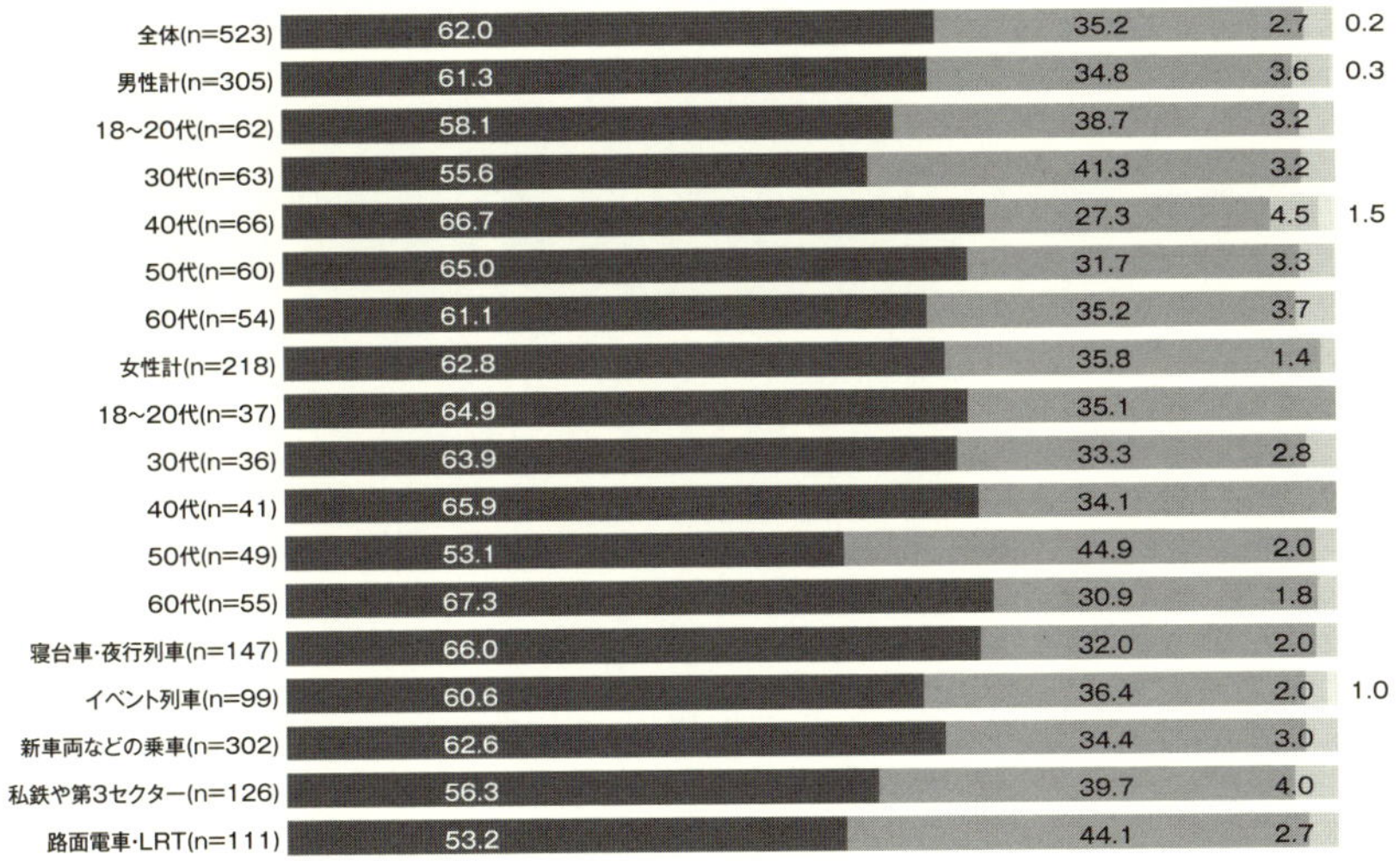

＊旅の販促研究所調査（2009年）

6 鉄道に関するテーマの鉄旅の実態

幅広く利用されている青春18きっぷ

『鉄道に関するテーマの鉄旅』は最北端・最南端の駅、秘境や歴史の駅、トンネル・橋梁・スイッチバック・アプト式といった鉄道関連の施設を巡る旅、鉄道写真、駅弁、きっぷやスタンプなどの収集、青春18きっぷの旅など、鉄道に関連した諸々の目的での鉄旅の分類である。

内訳（図表⑮）を見ると、トップは「青春18きっぷを利用する旅」で、最近3年間の鉄道を利用した国内旅行経験者の12・3%が経験があるとしている。18～20代の男性では25・9%と多く見られ、18～20代女性が15・7%、30代男性が13・7%で次いでいるが、60代男女でも1割強が経験ありとしており、青春18きっぷが幅広い年代層で利用されていることが分かる。さらに、30代女性の自由回答では家族で青春18きっぷを使い鉄道の旅を楽しんだというコメントも挙げられており、利用シーンも拡がっていることがうかがえる。

「旅行先の駅で駅弁を買って楽しむ旅」が11・8%で2位となっている。30代～50代の男性で多く見られる他、60代の女性を除いて、いずれも1割前後と比較的多く見られ、「駅弁」を鉄旅の楽しみとしている人は多そうだ。自由回答では、横川の「峠の釜めし」を筆頭に、「いかめし」（森）、「鶏めし弁当」（大館）、「牛肉どまん中弁当」（米沢）、「焼鯖寿司・笹寿司」（金沢）、「茶めし弁当」

（静岡）、「穴子弁当」（広島）など全国の名物駅弁が挙げられている。また、女性層ではインターネットなどで事前に調べて出かける人や、わざわざ特定の「駅弁」を食べることを目的に旅行をしている人も見られた。

駅舎や鉄道施設なども鉄旅の大きな楽しみに

「日本最北端の駅、秘境駅、歴史の残る駅舎など駅を訪ねる旅」が7・6％で3位となっている。50代までの男性では1割を超えており、男性を中心に意外に鉄旅の大きな楽しみのひとつとなっていることが分かる。自由回答では、日本最北端の稚内駅、本州最北端の大畑駅、JR最高地点の野辺山駅、JR最南端の西大山駅、100年以上の歴史を持ち今なお現役の駅舎である

図表⑮ 鉄道に関するテーマの鉄旅経験率（最近3年以内の鉄道旅行経験者ベース）

	n	日本最北端の駅、秘境駅、歴史の残る駅舎など駅を訪ねる旅	トンネル・橋梁・スイッチバック・アプト式・ループ線など鉄道関連の施設を楽しむ旅	鉄道関連の写真や映像を撮る旅	旅行先の駅で駅弁を買って楽しむ旅	記念きっぷやスタンプラリーを楽しむ旅	青春18きっぷを利用する旅	その他鉄道に関するテーマの鉄旅	最近3年間の平均旅行回数
全体	1,715	7.6	7.3	3.6	11.8	2.4	12.3	0.5	2.0
男性計	854	11.5	8.4	6.0	14.1	3.0	13.8	0.7	2.1
18~20代	174	11.5	7.5	6.9	9.2	4.6	25.9	－	2.7
30代	168	13.1	4.2	4.8	14.9	4.2	13.7	－	1.6
40代	174	12.6	12.6	6.9	17.2	4.6	10.9	1.1	2.2
50代	161	13.0	13.0	9.3	16.8	1.2	7.5	0.6	2.1
60代	177	7.3	5.1	2.3	12.4	0.6	10.7	1.7	1.9
女性計	861	3.7	6.2	1.3	9.5	1.9	10.8	0.2	1.9
18~20代	172	1.7	2.9	2.3	10.5	2.9	15.7	－	1.5
30代	161	5.0	6.2	2.5	8.7	1.9	10.6	－	1.9
40代	161	2.5	8.1	0.6	9.9	1.2	8.7	0.6	1.7
50代	189	4.8	6.3	1.1	12.7	2.1	7.9	－	2.2
60代	178	4.5	7.3	－	5.6	1.1	11.2	0.6	2.1

※■=全体を5%以上上回る値
※最近3年間の平均旅行回数はいずれかの鉄旅経験者ベース
＊旅の販促研究所調査（2009年）

ＪＲ肥薩線の嘉例川《かれいがわ》駅などの歴史のある駅舎、三毛猫の「たま駅長」が出迎えてくれる和歌山電鉄の貴志駅、駅で足湯が楽しめるＪＲ中央本線の上諏訪駅など、一口に駅を訪ねるといっても楽しみ方は様々だ。

「トンネル・橋梁・スイッチバック・アプト式・ループ線など鉄道関連の施設を楽しむ旅」が７・３％で４位となっている。この内、アプト式・ループ線などは鉄道にあまり興味のない人には馴染みのない言葉かもしれないが、ＪＲ西日本山陰本線の余部鉄橋などは人気の観光スポットとなっており、40～50代男性では1割以上と比較的多く見られる他、女性でも６・２％と男性と大きな違いは見られない。

「鉄道関連の写真や映像を撮る旅」は男性で６・０％、特に50代男性で９・３％と多く見られる。鉄道ファンでは「撮り鉄」と呼ばれ、大きな分野となっているが、一般でも程度の差はあるとはいえ鉄道の撮影を楽しんでいる人が意外と多いことが確認できた。

「記念きっぷやスタンプラリーを楽しむ旅」は全体では２・４％と少ないが、自由回答を見ると東京や札幌などで「ポケモン・スタンプラリー」を親子で

図表⑯ 同行者（鉄道に関するテーマの鉄旅経験者ベース）

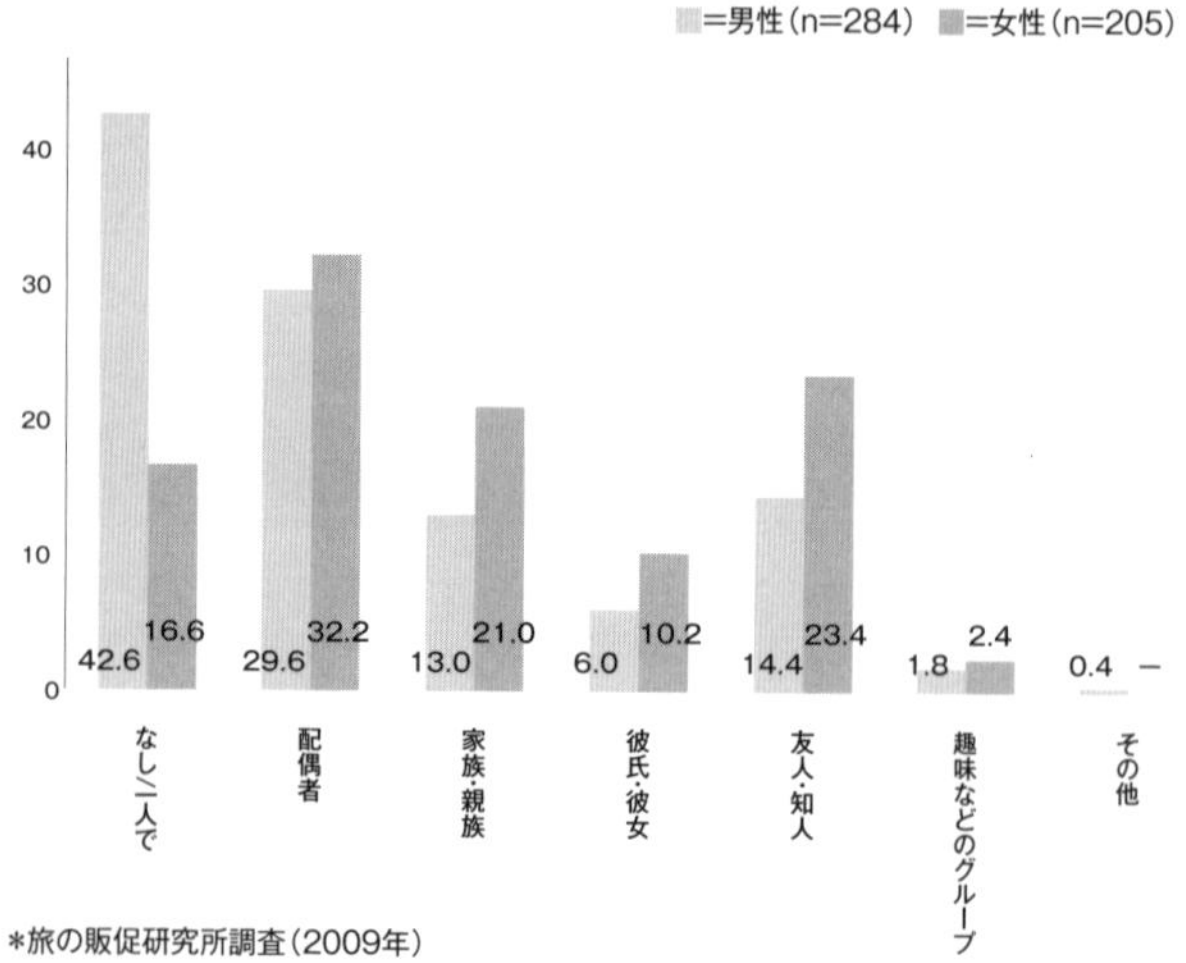

＊旅の販促研究所調査（2009年）

楽しんだというコメントが比較的多く挙げられており、小さな子供のいるファミリー向けの鉄旅として親しまれているようだ。（図表⑮）

男性のひとり旅が多い青春18きっぷや秘境駅の旅

『鉄道に関するテーマの鉄旅』の旅行内容を概観すると、最近3年間の旅行回数（図表⑮）は全体平均で2・0回となっており、属性別で大きな差は見られないものの、18〜20代男性で2・7回と全体を上回っている。

　同行者（図表⑯）は男女で大きく傾向が異なり、男性は「一人で」が42・6%で最も多く、「配偶者」が29・6%で次いでおり、女性は「配偶者」32・2%、「友人・知人」23・4%、「家族・親族」21・0%の順となっている。

　旅行形態（図表⑰）を見ると、「旅行会社のパッケージツアーを利用」は全体の10・0%、「自分でプランを考え旅行会社で手配」が16・4%、「きっぷや宿泊施設など個人で手配」が72・2%となって

図表⑰ 旅行形態（鉄道に関するテーマの鉄旅経験者ベース）

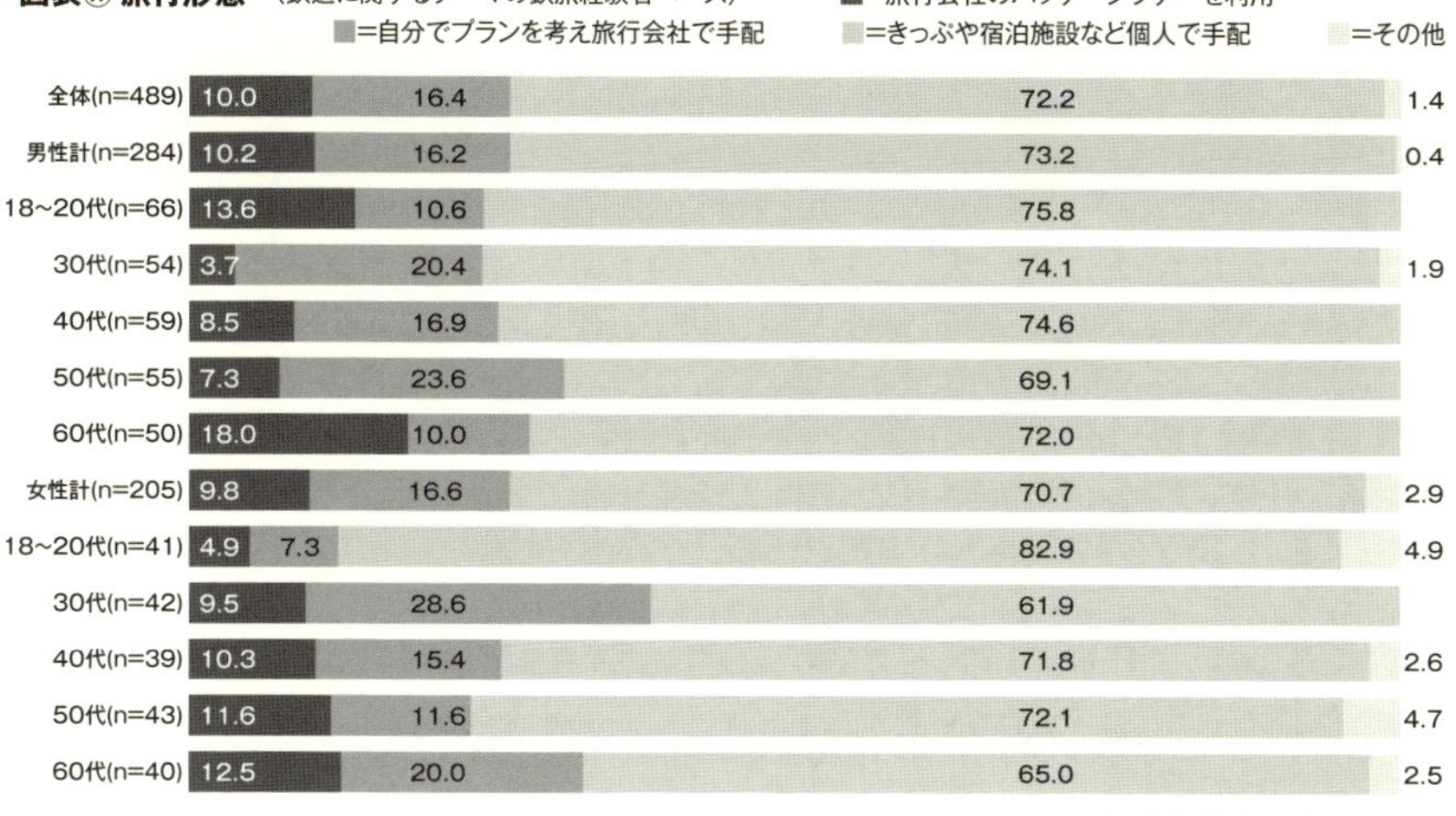

＊旅の販促研究所調査（2009年）

おり、個人手配が中心となっているが、60代男性では旅行会社のパッケージツアーの利用も18・0%と比較的多く見られる。

鉄道関連の設備・施設を楽しむ旅と撮影を楽しむ旅の満足度が非常に高い

『鉄道に関するテーマの鉄旅』については、95・3%とほとんどの経験者が満足したと評価しており、57・7%が「満足」と積極的に評価している。（図表⑱）
鉄旅の分野別の傾向を見ると、鉄道関連の設備・施設を楽しむ旅と鉄道関連の撮影を楽しむ旅で積極的に評価している人が7割と多く見られる。

調査対象者のコメント（性年齢・居住地）

「千葉から稚内まで5日間かけてほとんど鈍行だけで行ったこと。5日間ＪＲ東日本とＪＲ北海道・青い森鉄道・いわて銀河鉄道が乗り放題の切符を使った」（男性20代・首都圏）
「青春18きっぷで稚内までのひとり旅。大学三年の終わり、就職活動で思い悩んでいた青春の思い出。一生忘れられない自分探しの旅になりました」（男性20代・首都圏）
「新横浜まで、博多駅で買ったお弁当を食べながら行きました。前もってインターネットでどのお弁当を食べるか一生懸命探しました」（女性30代・九州沖縄）
「この3月ダイヤ改正で、定期列車から季節列車に変更になる『ムーンライトながら373系』の旅、青春18きっぷを利用し、列車の旅を十分楽しめた」（男性40代・首都圏）
「夏の道東を釧網本線で原生花園の中を走り、最東端の根室駅に立ち寄る旅は雄大な北海道の

原野を走り気分爽快だった」（男性60代・首都圏）

「家族と青春18きっぷでのんびり鉄道の旅をしたのはいつもとは違い新鮮でよかった」（女性30代・関西圏）

「福知山線に乗って行き、そこから廃線になった線路やトンネルを歩き、また福知山線で宝塚に帰ってくる旅」（女性30代・関西圏）

「山陰本線の余部鉄橋を見に行きました。昨年の桜の時期です。あの圧倒的な姿を1度くらいは本物を見てみたいと思いましたので」（男性40代・首都圏）

「そこの土地でしか買えない限定されている有名弁当をどこのホームで買えるのかなど事前にリサーチして、ぬかりのないように購入して車窓を楽しみながらいただいた」（女性40代・北海道東北）

図表⑱ 満足度　（鉄道に関するテーマの鉄旅経験者ベース）■=満足 ■=やや満足 ■=やや不満 ■=不満

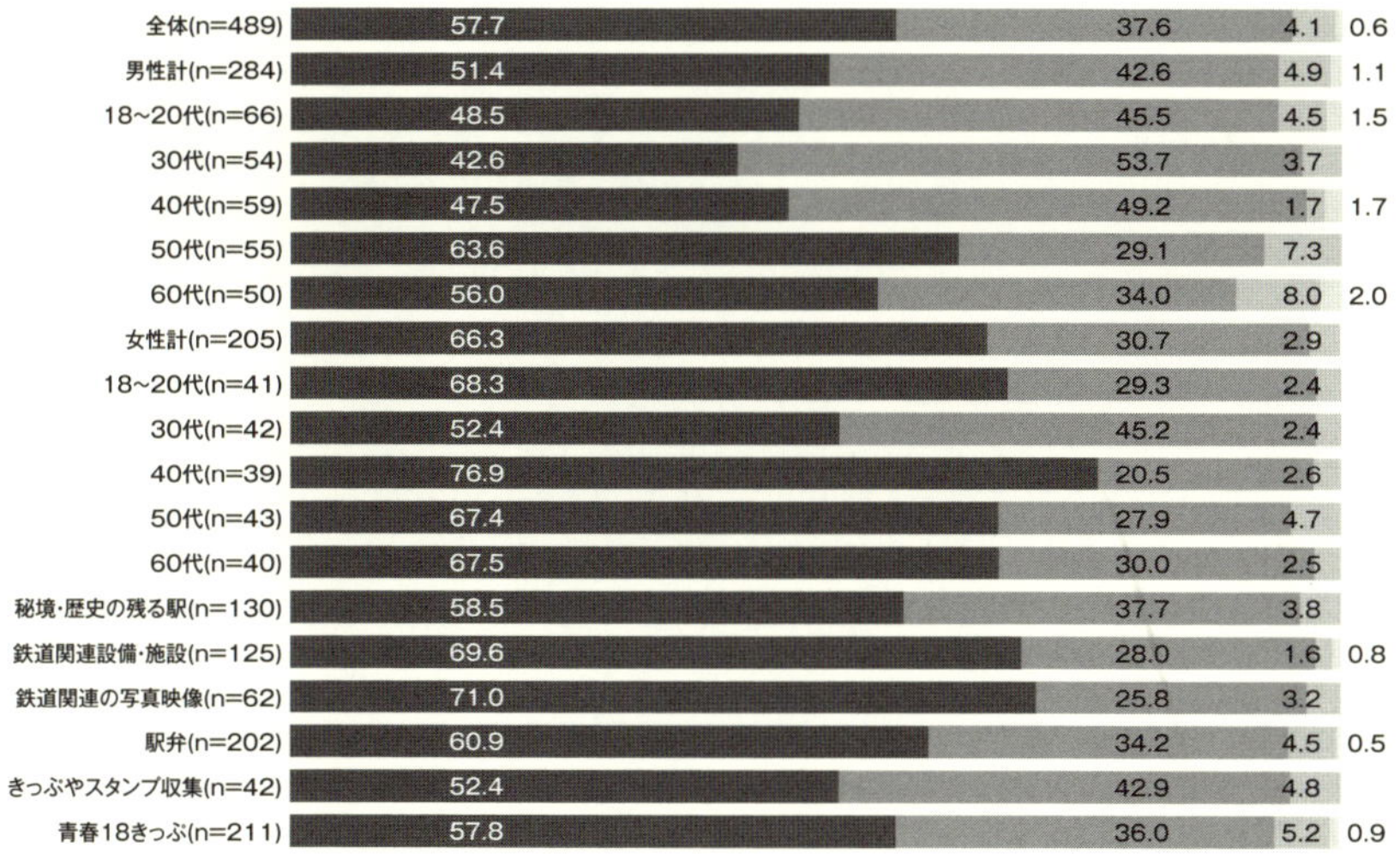

＊旅の販促研究所調査（2009年）

7 鉄旅の情報源

鉄旅の情報源はホームページ・テレビの旅番組・口コミ・旅行雑誌

図表⑲は鉄旅の経験者に対し、鉄旅のキッカケとなったり、参考にした情報源を確認した結果である。全体では、「ホームページ」が33・0%でトップ。以下、「テレビの旅番組」25・7%、「友人・知人・趣味の仲間などの口コミ」23・3%、「旅行雑誌」23・0%、「旅行ガイドブック」19・8%、「旅行会社の

図表⑲ 鉄旅の情報源（最近3年以内の鉄旅経験者ベース）

	全体	男性 18～20代	男性 30代	男性 40代	男性 50代	男性 60代	女性 18～20代	女性 30代	女性 40代	女性 50代	女性 60代	鉄道への関心度 鉄道に乗ることを第一の目的とした旅行経験者	鉄道への関心度 鉄道に乗ることを主要な目的とした旅行経験者
n	739	93	86	89	76	75	59	59	61	72	69	205	255
テレビドラマ	6.1	7.5	8.1	6.7	13.2	1.3	6.8	―	3.3	6.9	4.3	10.2	7.8
テレビの旅番組	25.7	17.2	15.1	30.3	35.5	25.3	20.3	23.7	23.0	33.3	34.8	28.8	32.5
旅行雑誌	23.0	25.8	19.8	21.3	25.0	29.3	20.3	13.6	24.6	19.4	29.0	29.8	29.0
鉄道専門誌	6.5	7.5	4.7	10.1	13.2	6.7	5.1	5.1	1.6	5.6	2.9	15.1	11.8
一般雑誌	7.8	4.3	14.0	10.1	7.9	4.0	11.9	6.8	6.6	2.8	10.1	8.8	10.2
新聞記事・広告	7.7	4.3	1.2	9.0	9.2	14.7	1.7	1.7	8.2	15.3	11.6	9.8	10.6
新聞折込広告	2.8	1.1	―	3.4	5.3	8.0	1.7	―	3.3	2.8	2.9	4.4	3.9
旅行ガイドブック	19.8	17.2	10.5	19.1	14.5	28.0	16.9	16.9	21.3	22.2	33.3	20.5	20.0
JR・JTBの時刻表	16.8	17.2	16.3	18.0	22.4	16.0	16.9	15.3	18.0	13.9	13.0	22.4	20.4
小説などの書籍	3.5	4.3	3.5	2.2	7.9	―	5.1	3.4	1.6	4.2	2.9	5.9	5.1
鉄道会社のパンフレット	15.4	6.5	10.5	10.1	22.4	16.0	30.5	10.2	19.7	19.4	15.9	21.0	14.9
鉄道会社のダイレクトメール	3.4	3.2	5.8	2.2	3.9	5.3	―	1.7	3.3	4.2	2.9	6.8	4.7
旅行会社のパンフレット	18.1	10.8	11.6	18.0	9.2	26.7	11.9	11.9	23.0	29.2	31.9	21.0	17.3
旅行会社のダイレクトメール	5.3	3.2	2.3	3.4	1.3	13.3	1.7	―	8.2	9.7	10.1	3.9	4.3
ホームページ	33.0	38.7	38.4	41.6	30.3	16.0	40.7	32.2	41.0	31.9	17.4	31.2	37.3
ブログやSNS（ミクシィなど）	7.3	7.5	9.3	11.2	2.6	2.7	18.6	3.4	8.2	9.7	―	8.3	7.5
カード会社から郵送されるパンフレット	2.6	3.2	―	2.2	1.3	2.7	3.4	―	3.3	8.3	1.4	2.9	2.7
友人・知人・趣味の仲間などの口コミ	23.3	23.7	17.4	13.5	10.5	18.7	30.5	32.2	26.2	34.7	33.3	19.5	20.8

※■＝全体を5%以上上回る値

＊旅の販促研究所調査（2009年）

パンフレット」18・1％、「JR・JTBの時刻表」16・8％、「鉄道会社のパンフレット」15・4％等が上位に挙げられている。

鉄旅へのこだわり度別の傾向を見ると、「鉄道に乗ることを第一の目的とした旅行」の経験者では「旅行雑誌」「JR・JTBの時刻表」「鉄道会社のパンフレット」等が全体を大きく上回っており、「鉄道専門誌」も15・1％と比較的多くが閲読している。「第一の目的ではないが、鉄道に乗ることを主要な目的とした旅行」の経験者は「テレビの旅番組」「旅行雑誌」「鉄道専門誌」を挙げている人が全体を上回っているが、特に、「テレビの旅番組」は32・5％と多く見られる。

鉄旅の主要な情報源はホームページ

「ホームページ」の利用は60代男女ではやや少ないが男女とも50代までは鉄旅のメインの情報源になっているようである。インターネット調査では一般的に「ホームページ」の利用が高くなる傾向があるが、列車の時刻検索といえば「時刻表」ではなくインターネットでの検索が普通となり、ガイドブックや書籍も多数出版されてはいるものの、ダイヤは刻々と変わり、イベント列車など運行時期が限定されている列車もある。また、気になる車両の詳しい情報などはインターネットで入手するのが最も手軽で正確だ。鉄道会社や旅行会社の旅行商品もパンフレット等よりも数多くの商品がホームページに掲載されており、一般の旅行者が実際に鉄旅を計画する場合には最も情報量が多く便利な情報源といえるだろう。また、18～20代女性ではネット上の口コミである「ブログやSNS」も18・6％と比較的多く見られ、今後もますます拡がっていくものと思われる。

JTBでは2009(平成21)年4月に、鉄道を通して地域の魅力を掘り起こし、人々の交流を促進する試みとして「鉄旅ニッポン」プロジェクトを始動した。20〜30代の女性や大学の鉄道研究会などから見た鉄旅の魅力や情報を提供、実際に旅行商品もプロデュースして旅行需要を喚起しようという試みで、インターネット上で情報提供を行っている。今後の展開が楽しみである。

「テレビの旅番組」が25・7%でインターネットに次いでいるが、40〜50代男性と50〜60代女性では3割以上と比較的多く見られる。旅番組では頻繁に四季折々の鉄旅が紹介されており、主にキッカケ段階での主要な情報源となっていると思われる。

旅行雑誌・旅行ガイドブックが旅行会社のパンフレットを上回る

一般的な国内旅行の情報源と比べ、「旅行雑誌」や「旅行ガイドブック」が「旅行会社のパンフレット」を上回っているのが鉄旅の特徴といえるのではないだろうか。ともに「ホームページ」の利用が少ない60代の男女で3割程度と比較的多く見られ、「旅行雑誌」についてはそれ以外の年代層でも比較的多く見られる。

旅行会社の旅行パンフレットはデスティネーション別（目的地域別）が基本であるため、どうしても鉄道にウェイトを置いた旅行である鉄旅の情報量は少なく、魅力も十分に伝えきれていないケースが多いものと思われるが、「旅行雑誌」では頻繁に鉄旅の企画が行われており、様々な側面から鉄旅の魅力が伝えられている。

「旅行ガイドブック」では今回の調査で取り上げた個別の分類別に詳しいガイドブックが揃っている。圧巻は新潮社が２００８(平成20)年5月に創刊した『日本鉄道旅行地図帳』シリーズだろう。エリア別に一般の鉄道路線の沿革が分かるだけでなく、車窓からの景色、名駅舎、鉄道保存施設や、廃線や廃駅の情報などを網羅的にまとめたものであり、ベストセラーとなっている。

また、「一般雑誌」は調査時点では7・8％程度となっているが、２００９(平成21)年は一般雑誌でも鉄道が近年には見られないほど取り上げられた1年だった。「列車に揺られて『旨し旅』東日本編5路線」(小学館刊『サライ』8月号)、「やっぱり、鉄道は楽しい」(阪急コミュニケーションズ刊『Ｐｅｎ』6月15日号)、「列車で行こう、どこまでも。ニッポンの鉄道の旅。」(マガジンハウス刊『BRUTUS』7月15日発売号)など多くの特集が組まれ、幅広い鉄旅の楽しみ方が紹介されている。メディア側でも鉄旅のターゲットを鉄道ファンや特定の年代層だけでなく幅広く捉えていることが分かる。

また、鉄旅については書籍も非常に充実しており、目的別に多くの書籍が出版されている。２００９(平成21)年は『ＪＲ時刻表』を出版する交通新聞社が「交通新聞社新書」を創刊し、鉄道や鉄道旅行に関する新書を次々と出版している。

鉄旅では時刻表もまだまだ重要な情報源

２００９年4月に『ＪＴＢ時刻表』が通巻１０００号を迎えて話題となったが、インターネットによる検索が一般化したこともあり、ピーク時には月平均２００万部あった発行部数が、現在では大きく減少している。しかし、不定期運行の列車やイベント列車、期間限定の割引きっぷなどの情報の他、鉄旅についての様々なトピックスや魅力も紹介されており、鉄旅では現在も重要な情報源になっていることは調査結果からも確認できる。

8 今後の鉄旅意向

旅行者の心を惹き付ける豪華寝台列車での旅と駅弁

鉄旅の今後の意向を見てみよう。

図表⑳は実態で用いた鉄旅の分類を改めて提示して、それぞれの意向を確認したものであるが、「鉄道旅行、鉄道に関連した旅行はしたいと思わない・興味がない」と回答している人は全体の3割で、7割がいずれかの分類に意向を示しており、鉄旅市場のポテンシャルの大きさが確認できる。小さな子供との旅行が大変なことから鉄旅の経験度が最も低かった30代の女性でも今後の意向においては全体と同様の結果となっている。

対象者全体での意向度を見ると、「寝台車や夜行列車を楽しむ旅」の意向者が33・2％でトップ、「旅行先の駅で駅弁を買って楽しむ旅」が28・6％で次いでおり、これらはいずれの属性においても意向者が多く見られる。図表㉑は自由回答のコメントからキーワードを抽出してカウントしたものであるが、「寝台車や夜行列車を楽しむ旅」に関するコメントは非常に多く挙げられており、個別の列車名としてはやはり「トワイライトエクスプレス」「カシオペア」「北斗星」を挙げている人が多く、豪華寝台列車での旅は多くの人の心を惹き付けているようだ。当然、これらの列車のコメントとセットになった「北海道」がデスティネーションとしては圧倒的に多く挙げられている。

図表⑳ 今後の鉄旅意向

		男性						女性					
	全体	男性計	18〜20代	30代	40代	50代	60代	女性計	18〜20代	30代	40代	50代	60代
n	2220	1098	208	217	224	225	224	1122	219	231	216	226	230
特定の路線・区間に乗ることを目的とした旅	16.8	19.3	19.2	15.7	20.1	20.0	21.4	14.3	10.5	8.7	16.7	14.2	21.3
特定の地域の鉄道に乗ることを目的とした旅	16.0	18.4	13.0	13.8	19.6	22.2	22.8	13.6	8.2	11.3	13.9	14.2	20.4
全線制覇を目的とした旅	4.3	5.6	9.6	6.5	5.4	4.0	3.1	3.0	5.9	2.6	0.5	4.0	2.2
寝台車や夜行列車を楽しむ旅	33.2	33.7	33.2	39.2	36.2	30.2	29.9	32.6	37.9	36.8	36.1	28.3	24.3
お花見列車、ストーブ列車、SLなど期間限定のイベント列車を楽しむ旅	25.8	19.3	17.8	22.1	24.1	18.7	13.8	32.1	34.2	38.1	33.8	30.1	24.3
新幹線・特急・急行の新型車両などの乗車を楽しむ旅	16.2	18.2	15.4	22.6	23.7	19.6	9.8	14.2	10.5	16.5	17.6	12.8	13.5
私鉄や第3セクターの電車の乗車を楽しむ旅	7.3	8.6	6.3	6.5	9.4	11.1	9.4	6.1	2.3	4.3	7.9	7.1	9.1
路面電車やLRT、モノレール、軽便鉄道などを楽しむ旅	12.7	12.0	9.1	17.5	12.5	12.4	8.5	13.3	11.0	12.6	17.6	14.2	11.3
日本最北端の駅、秘境駅、歴史の残る駅舎など駅を訪ねる旅	21.2	22.6	19.7	23.5	21.0	24.9	23.7	19.9	19.6	15.2	17.6	20.8	26.1
トンネル・橋梁・スイッチバック・アプト式ループ線など鉄道関連の施設を楽しむ旅	14.3	16.4	11.1	17.1	19.2	19.1	15.2	12.2	10.0	12.1	11.6	11.5	15.7
鉄道関連の写真や映像を撮る旅	5.0	7.4	8.2	5.5	9.4	9.3	4.5	2.6	4.1	0.9	3.7	2.2	2.2
旅行先の駅で駅弁を買って楽しむ旅	28.6	26.8	24.0	31.3	28.6	28.4	21.4	30.4	26.9	32.0	32.9	29.6	30.4
記念きっぷやスタンプラリーを楽しむ旅	3.7	3.6	4.8	2.8	6.3	3.1	1.3	3.7	8.2	4.8	2.3	1.3	2.2
青春18きっぷを利用する旅	18.6	15.7	26.4	15.7	14.3	9.8	12.9	21.4	30.1	19.0	15.3	19.0	23.5
鉄道旅行、鉄道に関連した旅行はしたいと思わない・興味がない	29.8	30.4	28.8	27.6	28.6	35.6	31.3	29.1	35.2	28.1	25.0	29.6	27.8

※■=20%以上の値

＊旅の販促研究所調査（2009年）

駅弁については、その地方の特色のある駅弁や特産品を味わうことを目的とした意向者も見られるが、特定の駅弁名などはあまり挙げられておらず、車窓の景色を眺め、その土地の駅弁を食べながらゆっくり旅がしたいというコメントが非常に多く挙げられており、鉄旅を演出するためになくてはならない楽しみの一つとしてイメージしている人が多いようである。

女性に人気のイベント列車、駅舎は魅力のある観光資源

「お花見列車、ストーブ列車、SLなど期間限定のイベント列車を楽しむ旅」は期間が限定されていることや、非常に人気が高くなかなか予約ができないこともあり、最近3年間の鉄道を利用した国内旅行経験者における旅行経験では5・8％程度となっていたが、今後については全体の25・8％が意向を示しており3位となっている。男性の19・3％に対し女性では32・1％と多くが意向を示しており、50代まではいずれの年代層も3割台となっている。また、男性でも30〜40代では2割台と他の年代を上回っている。自由回答を見ると、やはり「SL／蒸気機関車」が最も多く挙げられており、30代女性や、30〜40代男性では子供に乗せてあげたいというコメントが比較的多く見られる。

「日本最北端の駅、秘境駅、歴史の残る駅舎など駅を訪ねる旅」が21・2％で4位となっている。男女ともに2割程度が意向を示しており、属性別であまり大きな差は見られないが、60代女性では26・1％と他の属性を上回っている。自由回答では、特定の駅名は挙げられておらず、〝最北端、最南端の駅〟、〝名所といわれる駅〟、〝秘境〟、〝終着駅〟などの回答が挙げられている。いずれにしても駅舎自体に観光資源としての魅力を感じる人が意外と多いことが確認できる。

「青春18きっぷを利用する旅」は全体の18・6％が意向を示しており、18〜20代の女性で30・1％、男性で26・4％と多く見られる他、60代女性で23・5％、30代と50代の女性でも2割程度と比較的多くが意向を示している。青春18きっぷに関するコメントでは、〝ゆっくり〟、〝のんびり〟、〝行けるところまで〟、〝目的地を決めずに〟などのワードがセットになっており、特定の目的地までの経済的な手段と考えるコメントはほとんど見られなかった。青春18きっぷは、のんびりと行程を楽しむ鉄旅の代名詞のひとつになっているようだ。

また、最近3年間の経験では比較的多く見られた「特定の路線・区間に乗ることを目的とした旅」は16・8％で6位、「特定の地域の鉄道に乗ることを目的とした旅」は16・0％で8位と全体での意向は青春18きっぷを下回っているが、いずれも鉄道に関心の高い層での意向は非常に高く、鉄道に乗ることを第一の目的とした旅行経験者では「特定の路線・区間に乗ることを目的とした旅」が48・2％でトップとなっている。

「線」の旅が鉄旅の最大の魅力

「交通機関が便利になったからといって、点から点へと大急ぎの旅行をしてはならない。旅とは本来、点ではなくて道程、つまり『線』であり、線にこそ旅の良さがあった。鈍行列車にでも乗って、ゆっくり道中を楽しもうではないか。」（『終着駅は始発駅』新潮社）鉄旅のカリスマである宮脇俊三氏が多くの著作の中で繰り返してきたメッセージのひとつである。

鉄旅意向者の自由回答を読むと、〝のんびり〟、〝ゆっくり〟、〝ゆったり〟、〝時間の制約がない〟、〝あちこちいろんなところ〟、〝目的地を決めない〟、〝あてのない〟などのワードがコメント中に散りばめられており、「線」としての旅行である鉄旅に魅力を感じている人は非常に多いことが分かる。特定のデスティネーションを基本とした従来型のツアーだけでなく、鉄道を利用して「線」としての行程が楽しめるようなツアーがもう少し増えてもよいのではないだろうか。

調査対象者のコメント（性年齢・居住地）

「移動の早さだけを求めるのではなく、移動中の思い出を大切にできる旅行をしたいと思っています」（男性30代・東海北陸）

「主人が退職したので、時間に縛られないのんびりした、九州から北海道までの鉄道の旅がしたいです」（女性50代・九州沖縄）

「長期休暇がとれたらの話ですが、青春18きっぷを利用し、ゆっくり車窓を眺めながら時間に縛られない旅行がしたい」（女性40代・北海道東北）

「子供がもう少し大きくなったら、SLな

図表㉑ 行ってみたい鉄旅／自由回答キーワードカウント結果

鉄道・列車に関するワード	
寝台列車/寝台特急	165
青春18きっぷ	93
ローカル線	57
各駅停車/鈍行列車	54
SL	47
トワイライトエクスプレス	41
カシオペア	39
北斗星	32
新幹線	24
夜行列車	20
特定の路線（大井川鉄道・銚子電鉄等）	16
お座敷列車/イベント列車	15
ホテルのような列車/豪華な/高級な	15
五能線	13
豪華寝台列車	13
ブルートレイン	11
トロッコ列車	10
グリーン車	10
路面電車	6
輪行	5
個室	5
最新/新型車両	5
リニアモーターカー	4
特定の列車（銀河・つばめ等）	4
昔の列車	4
N700系	3

デスティネーションに関するワード	
北海道	120
九州	40
田舎/地方	37
あちこち/いろいろなところ	34
目的地未定/あてのない	31
東北	28
日本全国/日本各地	24
日本一周	22
長距離/遠く	19
行けるところまで/できるだけ遠く	12
日本縦断	11
四国	9
北海道から九州まで	7
山陰	7
行ったことのない場所	7
北陸	6
JR全線	6
日本海沿線	4
最北端/最南端	4
日本中	3
新潟	3
琵琶湖	3

その他のワード	
駅弁/弁当	124
景色/風景を楽しむ	97
グルメ/おいしいもの	29
花見/紅葉	29
温泉	29
観光地/名所	28
秘境	11
海岸線/海沿い	8
たま駅長	5
世界遺産	5
のんびり	156
ゆっくり	110
ゆったり	47
時間の制約のない/縛られない	26
ぶらり	10
安い/格安/割引	30
フリー切符/乗り放題/乗り降り自由	11

ど一緒に楽しめるような旅行がしたい。子供が騒いでも心配しなくてすむような車両、企画物があると参加しやすくなると思います」（女性30代・北関東甲信越）

「私自身、小さい頃に鉄道（特にSL）にはまり、ひとり旅を小学校5年生で初めて体験しました。とても印象に残り貴重な体験もしたので、ぜひ自分の子供にもひとりで計画を立てて旅行にでてもらいたい」（男性40代・東海北陸）

「北海道までのトワイライトエクスプレスに乗ってみたい。おもちゃ列車・いちご列車・たま列車など、車内に装飾がされている列車に乗ってみたい」（女性30代・関西圏）

「晴れた暖かい日に、ゆったりと地方のローカル線に揺られながら駅弁を堪能する旅」（男性30代・首都圏）

「冬の北海道の釧路から網走まで走っている列車に乗って、釧路湿原とか丹頂鶴を見てみたい」（女性50代・関西圏）

「広島電鉄の市電を乗りまくってみたいですね。宮島口あたりまでのんびりと行ってみたいものです。あとは沖縄のモノレールに一度乗ってみたい」（男性40代・首都圏）

「とりあえず、ＪＲ全線を経験したい。現在3分の2消化。それが終われば近鉄全線。そのあとは私鉄各線を乗車したい」（男性60代・首都圏）

「おもしろい駅をたずねる旅がしたいと思う。それだけで名所といえるようなところがいろいろあるようだ」（女性30代・関西圏）

「魅力的でリーズナブルな鉄道の旅を各鉄道会社、旅行会社が企画してくれるといい」（女性40代・首都圏）

Column❷

時刻表を使っていますか?

大正時代に誕生したＪＴＢ時刻表

２００９(平成21)年４月、『ＪＴＢ時刻表』が通巻１０００号を迎えた。現在発行されている中では最も歴史のある時刻表である。

通巻１号は、１９２５(大正14)年４月号であり、当時の名称は『汽車時間表　附汽船自動車発着表』、日本旅行文化協会から発売された。鉄道省の部内業務用の『列車時刻表』を一般向けに発売したものであり、編纂は鉄道省運輸局が行っている。サイズは２０１×２２７㎜、２３１ページ、50銭だった。

時刻表には、その後の日本の歴史も刻まれている。１９４２(昭和17)年の24時間表記への変更、１９４５(昭和20)年には物資不足により、１枚ものの時刻表が発行されている。東京オリンピック開催前年の１９６３(昭和38)年には、初めてカラ

図表 「JTB時刻表」・「JR時刻表」の認知・購入経験 (n=2220)

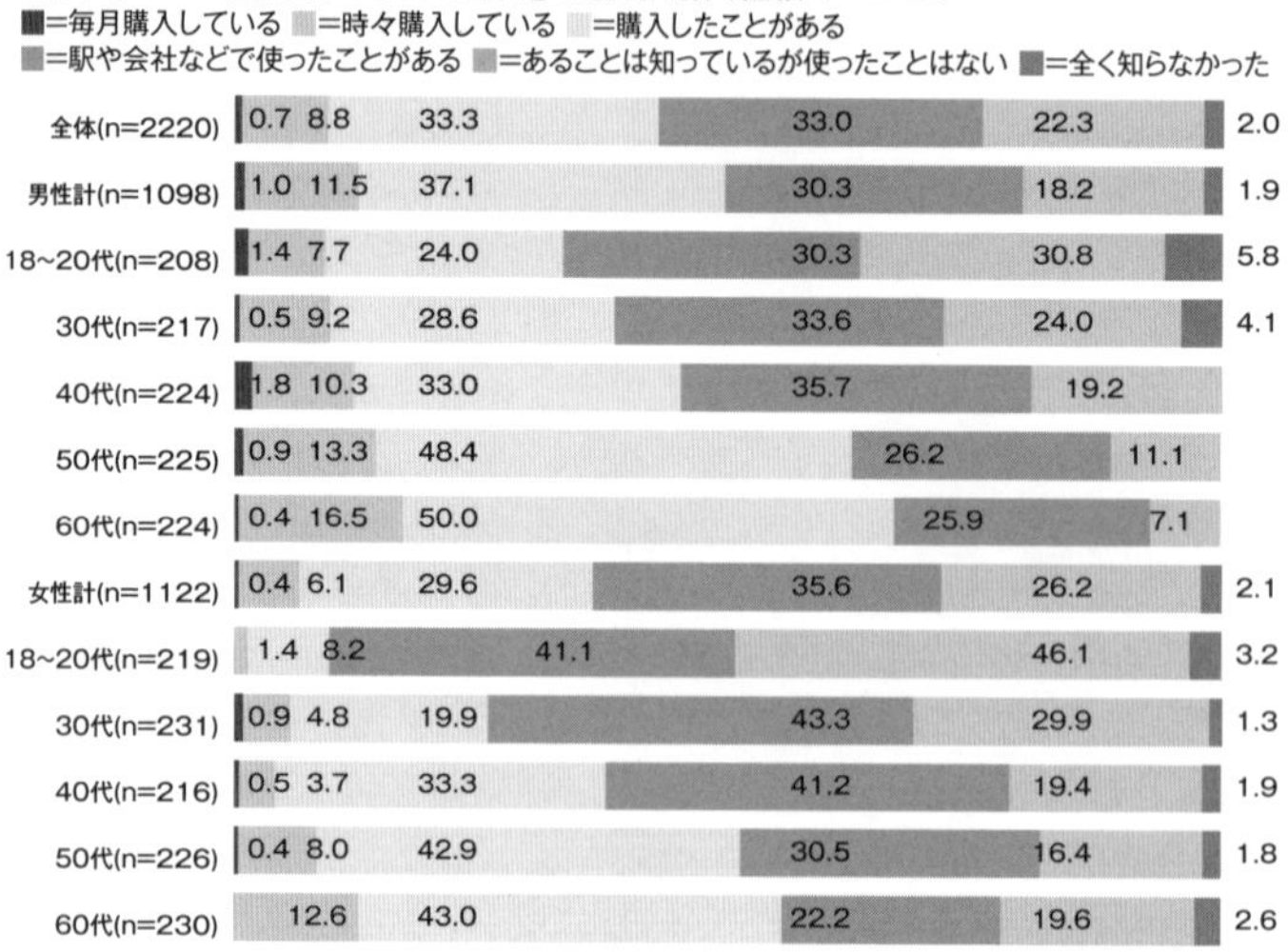

*旅の販促研究所調査(2009年)

ー写真が大型表紙に使用されたが、この写真には、東海道新幹線0系試運転列車が使われた。

また、現在『JTB時刻表』と双璧をなしている交通新聞社発行の『JR時刻表』創刊号は、1987(昭和62)年に発売されている。他にも、地域ごとの時刻表、私鉄ごとの時刻表、コンパクトサイズや大きな文字など用途別の時刻表など数多くの時刻表が発行されている。

時刻表の使用経験者は全体の3／4

では、実際にどれぐらいの人がJR時刻表、JTB時刻表を知っており、使用したことがあるのだろうか。

今回の結果では、使用経験者は全体の75・8%、購入経験者は42・8%となっている。年代が上がるごとに認知・購入経験度も高く、男性60代の66・9%、女性60代の55・6%が購入を経験している。

一方、認知・購入経験ともに乏しいのは女性の若年層である。18〜20代では購入したことがある人は9・6%に留まり、49・3%は使用したことすらないと回答している。

インターネットにはない時刻表の魅力

現在、パソコンでも携帯電話でもインターネットに接続すれば簡単に乗り継ぎ検索を行うことができる。しかし、鉄旅をより楽しみたいのなら、インターネットの乗り継ぎ検索よりも時刻表だろう。

回数券、フリー切符、周遊切符など割引切符についての情報、図で示されている列車の編成やおもな車両の座席番号の情報、主要駅構内図や標準乗り換え時分、フェリーや飛行機の国内・国際ダイヤの他、定期観光バスの情報、駅弁についての情報も掲載され、索引地図には周遊おすすめ地も載っている。時刻を調べるなかで、これらの情報が総合的に入手できるのは時刻表ならではといえるだろう。どんな鉄旅をするのかイメージも広がりやすい。

鉄道に興味をもちはじめた若い女性たちが一度時刻表を手に取れば、更に鉄旅への思いも加速するかもしれない。

第3章

魅力的な路線や地域での鉄旅

凡例

鉄旅意向度：全体ベース（n=2220）

鉄旅経験度：
最近3年以内の鉄道旅行
経験者ベース
（n=1715）

	経験度	意向度
全体	7.6	21.2
男性	11.5	22.6
女性	3.7	19.9

（単位：%）

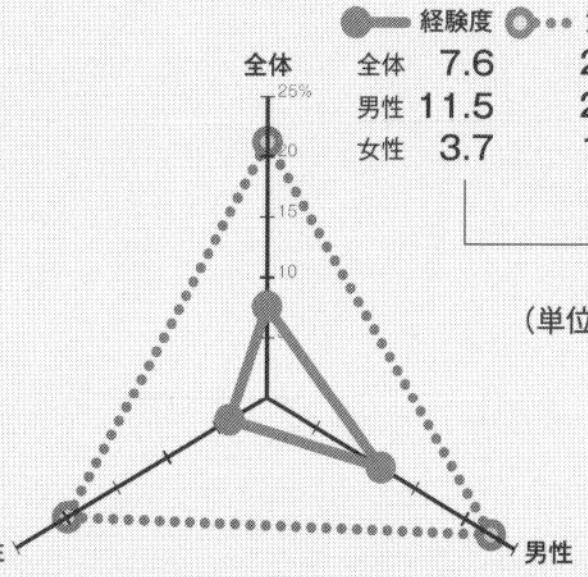

1 特定路線・区間に乗る旅

路線名から連想させる旅のイメージづくりに成功

「特定の路線・区間に乗ることを目的とした旅」の鉄旅経験度は14・3％と、他の目的と比べて高く、男性は40～50代と18～20代で2割、女性は60代で15・7％と比較的多く見られる。鉄旅意向度は16・8％で、経験度と同様、30代以外の男性と60代女性で全体を上回っている。テレビの旅番組や旅行雑誌でも多く取り上げられ、路線に対する旅のイメージが定着してきた。

日本海の美しい海岸線をひた走る路線や野生動物の姿も見られる湿原の中を走る路線など「○○線の旅」というパンフレットをＪＲの駅でよく見かける。特に桜や紅葉の時期に是非とも乗ってみたい路線や渓谷を縫うように走る路線など旅情をかきたてる線が多い。コメントで多いのが、東北のＪＲ東日本五能線に関するもの。ＪＲ東日本では「五能線の旅」という専用パンフレットを作ってＰＲしている。この路線では、各駅に温泉・農家レストラン・白神山地のブナ林散策など多様な観光資源があり、バスの接続も計算されて運行されている。

ローカル線の旅も人気である。深い山中のおよそ人のたどり着けないようなところにある秘境駅

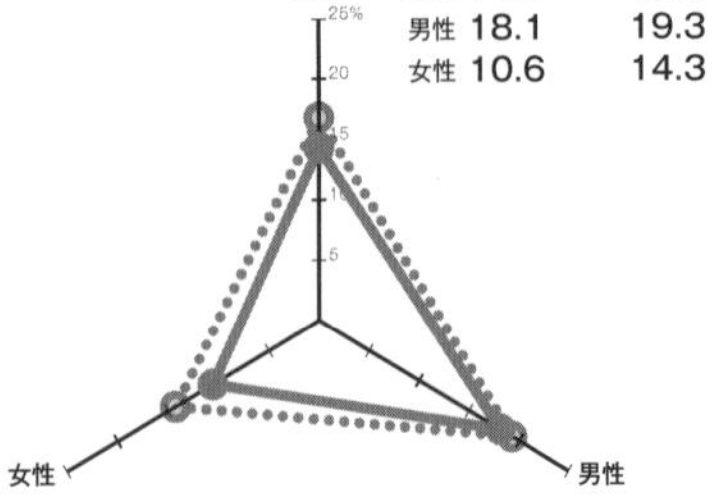

をたくさん持つ路線。廃線の危機にあった超ローカル線を列車・駅・お土産など全体の雰囲気をうまくまとめ、アイデアでよみがえらせた路線など、多くの人が鉄旅を楽しんでいる。

この風景に会いたいから、この路線のこの列車に乗る――ＪＲ東日本五能線・ＪＲ北海道釧網本線

五能線は、秋田県の東能代から青森県の川部間を結ぶ白神山地と津軽平野の中を走る１４７・２㎞の路線である。海沿いの景色や田園風景、りんご園の景色が楽しめる。特に秋田―青森や秋田―弘前を結ぶ観光列車「リゾートしらかみ」が人気だ。「青池」「橅《ブナ》」「くまげら」の3編成があり、それぞれ白、緑、オレンジのイメージカラーを持っている。展望空間やボックス席など特急以上に豪華な設備を持ち、編成によっては津軽弁語り部体験や津軽三味線の演奏が行われる。十二湖駅からは、バスが列車に合わせて運行しており、ブルーの水をたたえている十二湖の青池などを散策して楽しめる。千畳敷付近では徐行しての観光案内のアナウンスや駅停車する編成もある。

釧網《せんもう》本線は、網走から東釧路間を結ぶ１６６・２㎞の路線である。特に人気なのが、釧路から塘路《とうろ》の釧路湿原の中を約50分走る区間で、丹頂鶴の飛ぶ姿や、やちぼうずという独特の形の草、蛇行する川でカヌーを楽しむ人の姿を見ることができる。この路線を走るのが臨時の観光列車「くしろ湿原ノロッコ号」で、２００８(平成20)年8月には累計乗車人数が１００万人を突破、翌年には20周年を迎えた。日本一遅い列車で時速は10～20㎞。車内は木

くしろ湿原ノロッコ号と釧路湿原　旅の販促研究所撮影

のテーブルが設置されていて、床には動物の足跡の模様も付いている。添乗ガイドのノロッコレディが車内アナウンスで見どころを案内してくれる。塘路の駅に隣接している喫茶店ではレンタサイクルの貸し出しも行われていて湿原を巡るのに便利だ。

長大なローカル線と短いローカル線を楽しむ鉄旅——ＪＲ東海飯田線・銚子電鉄

飯田線は、豊橋から辰野間を結ぶ１９５・７㎞になんと94駅もある大ローカル線である。もともと豊川鉄道・鳳来寺鉄道・三信鉄道・伊那電気鉄道の４つの私鉄が国有化されて誕生した。飯田線の見どころは、天竜川など素晴らしい川の景色にある。また、秘境駅と呼ばれる駅も多い。特に有名なのが「小和田駅《こわだ》」で一番近い集落まで徒歩で1時間もかかる。皇太子殿下と雅子妃御成婚のときに、雅子妃の旧姓と字が同じということで話題となった。また鉄道写真ファンの間で人気の中田切川を渡る田切から伊那福岡間は、中央アルプスの絶景を楽しめるようにカーブでスピードを落として運行するので、十分に景色を堪能することができる。

銚子電鉄は、銚子から外川間を結ぶ10駅、６・４㎞の超ローカル線である。路線公認の特徴あるお土産や記念切符などで、鉄道事業外の営業収入を増やし、旅行者の誘客に成功している。２００6(平成18)年に運転資金不足を生じ、車両の法定検査が行えない事態に陥った時、インターネットで「電車修理代を稼がなくちゃ、いけないんです」とぬれ煎餅の購入などの支援を呼びかけた。それが2ちゃんねるなどで取り上げられて注文が殺到し、大いに話題となった。レトロな車両とヨーロッパ風の駅舎がかわいいと評判だ。特に力を入れているのがお土産と記念切符。ポルトガル風駅舎の犬吠駅では、ぬれ煎餅の手焼き体験も行っている。スイス風駅舎の観音駅ではたい焼きが人気だ。また上りの銚子行きの駅では「上り銚子（調子）」の記念切符が買える。駅ごとに「勝利」「開運」などの文字が切符の中央に赤で押されているので全部集めるのも楽しい。１日乗車券「弧廻《こまわり》手形」を買うと犬吠駅でぬれ煎餅が１枚無料でもらえるクーポンも付いてくる。

調査対象者のコメント（性年齢・居住地）

「くしろ湿原ノロッコ号、駅に喫茶店が入ってローカルな感じが素敵でした」（男性20代・首都圏）

「五能線のリゾートしらかみに乗って黄金崎不老不死温泉につかった」（女性30代・首都圏）

「五能線に乗り、景色と車内での津軽三味線を楽しんだ」（女性50代・首都圏）

「紅葉の時期に飯田線の各駅停車に乗った。天竜川で紅葉を見て温泉に入る。ゆっくり走る列車はのんびりできる」（女性60代・首都圏）

「銚子電鉄に乗ってぬれ煎餅を買うのが楽しかった」（女性60代・東海北陸）

「銚子電鉄、古い鄙びた感じがそそる。桃太郎電鉄というゲームとコラボしている。既婚の友人と２人で行った」（女性30代・首都圏）

「ＪＲ中央線、日本アルプスと桜がものすごくキレイだから」（男性30代・関西圏）

「京都の鞍馬を走る叡山電鉄、紅葉の頃ライトアップされ、紅葉のアーチをくぐりぬける光景」（女性50代・関西圏）

銚子電鉄のレトロな車両　旅の販促研究所撮影

2 特定の地域の鉄道に乗る旅

ＪＲのトクトクきっぷや旅行会社のパッケージツアーで上手な旅を

「特定の地域の鉄道に乗ることを目的とした旅」の鉄旅経験度は11・3％。鉄旅意向度は16・0％で男性の50〜60代と女性の60代で2割強と比較的多く見られる。

コメントで多いのが九州の鉄道の旅。旅行会社でも観光リゾート列車の多い九州の路線を夫婦旅行の売り物にしているコースもある。降りた駅でレトロな列車や最新鋭の列車が待っていると、それだけで旅のテンションが上がっていく。最近は景色をより楽しめるように展望車付の観光列車が増えた。レトロな外観の改装車両も導入され、より旅を快適にしている。

また、乗り継いでいくことも鉄旅のひとつの楽しみになっているようだ。景色の変化を楽しみながら様々な列車やトロリーバス、ロープウェイ、ケーブルカーなどを乗り継ぐ旅も人気である。家族旅行で素敵な列車や多くの種類の乗り物を子供に体験させるのも楽しみのひとつだ。家族で鉄旅をすると特急料金や運賃が結構かかり旅のハードルが上がるが、ＪＲのトクトクきっぷや旅行会社のツアーなどをうまく利用して、費用を抑えることができる。

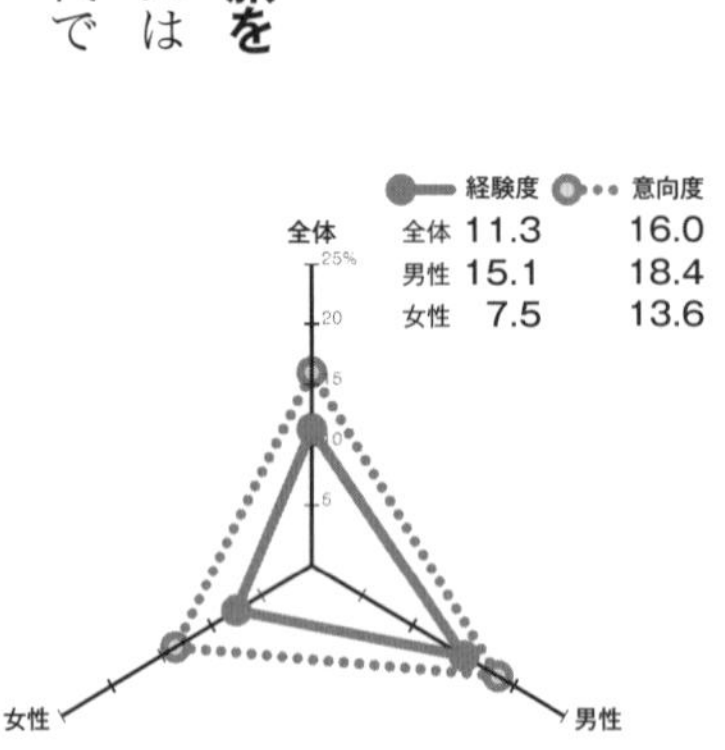

わくわくするデザインが旅を喚起するＪＲ九州の列車たち――ＪＲ九州肥薩線・ＪＲ九州久大本線

数ある特定地域の鉄旅で一番人気は、八代から隼人間１２４・２㎞を結ぶ肥薩線ではないだろうか。旧国鉄が選定したといわれている日本三大車窓のひとつ、矢岳から真幸間のえびの高原の大パノラマが見られる矢岳越えがあり、遠くに桜島を望むこともできる。その肥薩線の人吉から吉松間を走っている観光列車が「いさぶろう・しんぺい」である。この線区の開通によって北は青森から南は鹿児島までの日本縦貫鉄道が開通した歴史ある区間で、時の逓信大臣・山縣伊三郎と鉄道院総裁・後藤新平の名前が列車につけられている。大畑駅でのスイッチバックとループ線を組み合わせて急勾配の山を登るなど明治時代の鉄道技術も楽しめる。吉松から隼人・鹿児島中央間へは「はやとの風」というオールブラックの観光特急が走っている。展望スペースは天井まで窓があり驚かされる。途中にある１９０３（明治36）年建造の木造の駅舎、嘉例川《かれいがわ》駅や大隅横川駅の見学も人気がある。

もうひとつの楽しいルートが、ゆふ高原線と呼ばれる久大本線を使った博多から大分方面への旅。観光特急の「ゆふいんの森」に乗って由布院や別府へ向かう高原リゾートエクスプレスの旅だ。久留米から日田間では連山と田園風景が広がる。天ケ瀬駅を発車するとすぐに慈恩の滝があり、徐行運転と文字サービスで知らせてくれる。編成によって異なるが、車内の床は自然をとても感じさせる天然木の寄木造りが多く使われている。サロンでは客室乗務員による観光案内や今では見られなくなったビュッフェ営業もありがたい。

JR九州の白いソニック　旅の販促研究所撮影

磯崎新氏設計の由布院駅は、列車の待ち時間を足湯で楽しめる駅になっている。男女共用の足湯以外に女性専用の壁で囲まれた足湯もある。また、パノラマシートを備えたビュートレインの「ゆふＤＸ」も1日数往復している。由布院から南由布間はトロQ列車というトロッコ列車も子供に人気だ。組み合わせで別府・大分から九州横断特急で阿蘇外輪山や球磨川を眺めながら熊本へ抜け、鹿児島本線・肥薩線へ行くルートもお薦めである。

山を越え、地域をまたいで乗り継ぐ楽しみ——立山黒部アルペンルート・小田急と箱根の旅

立山黒部アルペンルートは、列車・バス・トロリーバス・ロープウェイ・ケーブルカーを乗り継いで、黒部の山々を通り抜けるルートである。東京方面からは新宿から中央本線と大糸線で信濃大町へ直通の「あずさ」が便利だ。信濃大町からは路線バスで扇沢《おうぎざわ》まで行き、関電トンネルトロリーバスで黒部ダムまで。そこから徒歩で黒部湖まで行ってケーブルカーで黒部平。そしてロープウェイやトロリーバスで室堂ターミナル。さらに立山高原バス、ケーブルカーを乗り継いで立山駅。最後に富山地方鉄道で電鉄富山や宇奈月温泉へ向かう。また、宇奈月から欅平《けやきだいら》まで黒部川沿いを黒部峡谷鉄道のトロッコ電車で41のトンネルと22の橋を渡るルートも素晴らしい。与謝野晶子が「囲い無き山の車の席買いて、四里上りゆく黒部の紅葉」と詠んだ路線といわれている。特に紅葉の時期は、オープンエアの普通車から気持ちのいい風と絶景が楽しめる。断崖絶壁にへばりつくように進み、黄色や赤色に彩られた黒部川にかかる橋を渡る20・1㎞の旅だ。

箱根といえば小田急ロマンスカーである。そのルーツは1935(昭和10)年に登場した「週末温泉特急」だが、1957(昭和32)年に登場した「ＳＥ（スーパーエクスプレス）車」の流線型車体

から本格的なロマンスカーの歴史は始まる。新宿から小田原・箱根湯本へ社員旅行で利用した人も多いのではないだろうか。最新式のＶＳＥ車両は高いドーム型丸天井が特徴で、展望室は座席の向きも自由に変えられる。個室を備えた車両もあり、家族や小グループの旅にもぴったり。小田原・箱根湯本から強羅《ごうら》へは箱根登山鉄道で急勾配の箱根の山を登る。特に人気なのが６月の紫陽花の時期。「あじさい号」のエンブレムをつけた列車が向かうのが、大平台から宮ノ下間の通称紫陽花銀座。サービスで徐行運転したり、ライトアップされた宮ノ下駅では下車時間を設けてあじさいを間近で鑑賞できる。強羅から早雲山《そううんさん》へは箱根登山ケーブルカー。そして年間有料乗員人数が２００８（平成20）年に２０１万人となり、翌年ギネスのゴンドラ・リフト部門で世界一に認定された箱根ロープウェイで大涌谷や芦ノ湖を楽しむことができる。外国人観光客に人気のコースだ。

調査対象者のコメント（性年齢・居住地）

「由布院へ行く特急ゆふいんの森と由布院駅から出るトロＱ列車に乗ったのが思い出深い。特急の豪華さとトロッコ列車のワイルドさの対比がとても面白く感じられた」（男性40代・東海北陸）

「九州の肥薩線は景色がいいのとスイッチバックやループ線があり、ＳＬの保存もされていて楽しい」（男性40代・首都圏）

「箱根登山鉄道のあじさい電車、紫陽花を窓の外に眺めながらの旅」（女性60代・首都圏）

箱根へ向かう小田急ロマンスカーMSE車両　旅の販促研究所撮影

3 全線制覇の旅

全線制覇・完全乗車は男の夢

「全線制覇を目的とした旅」の鉄旅経験度は1・6%、18~20代男性では4・6%が経験している。一見小さな数値に見えるが、ハードルの高い鉄旅であることを考えるとこの数字は驚きである。鉄旅意向度は4・3%で、やはり意向者は男性に多く見られるが、男性18~20代の9・6%、30代の6・5%に次いで、18~20代の女性も5・9%が意向を示している。

全線制覇・完全乗車（完乗）をテーマとしたブログやホームページのサイトをたくさんインターネットで見ることができる。分類すると、①旧国鉄・JRを完乗するもの、②私鉄・公営鉄道を含めて完乗するもの、③さらに無軌条電車のトロリーバスを含めた鉄道を完乗するもの、④さらにそれら鉄道の全ての駅に降りるものなどがある。もっとも大変なのが全ての路線の全ての駅に降りるタイプだろう。2003(平成15)年10月に9649駅下車を達成した杉原巨久さんは〝私鉄を含めて全ての駅に4年139日という短期間で下車した〟としてギネスブックにも載っている。新駅は年間何駅もできるので、果てしない挑戦になるという。

JRの完乗は1978(昭和53)年に出版された作家の宮脇俊三氏の『時刻表2万キロ』がきっか

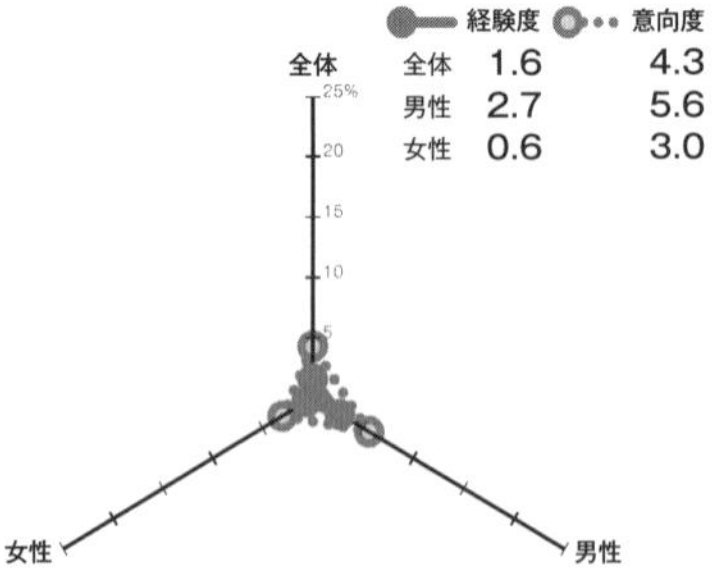

けで世に知られるようになり、１９８０(昭和55)年の国鉄の「いい旅チャレンジ２００００km」キャンペーンでブームとなった。２００５(平成17)年に俳優の関口知宏氏の「列島縦断　鉄道乗りつくしの旅　ＪＲ２００００km全線走破」というテレビ番組がＮＨＫ－ＢＳで放映され、ＪＲの完乗がふたたび話題となった。

路線制覇は休日の楽しみ――バイブル『時刻表2万キロ』と企画きっぷ

全線制覇のバイブルとして読みつがれている本がある。宮脇俊三氏の『時刻表2万キロ』は、出版社に勤めながらＪＲ全線の完乗を目指していた宮脇氏が退社後の１９７８(昭和53)年に出版され、大きな話題となった。第５回日本ノンフィクション賞も受賞している。宮脇氏は完乗の基準を大切にしている。国鉄の営業キロを基準としているが自分で算出した営業キロ数と国鉄の発表している営業キロ数が違うと国鉄本社まで出向いて担当者に確認している。ちなみに宮脇氏の営業キロ数は約2万８００キロ。２００９(平成21)年10月1日現在のＪＲ全線の営業キロ数はＪＴＢ時刻表によると１９８４４・７キロである。廃止や第３セクターへの移管により、ピーク時に比べ、かなり減少している。なお、現在の駅数は４６１２駅を数える。

全線制覇のサイトを見るとそれぞれ自主ルールを宣言してトライしている。駅に必ず降りる人、トロリーバスなど法的に鉄道とみなされているものはすべて乗る人。証明のため

バイブル『時刻表2万キロ』宮脇俊三著（角川文庫）

にビデオで撮る人や切符を残す人など様々である。切符代もかなりかかるため、「青春18きっぷ」やJR北海道・東日本の「北海道&東日本パス」、JR東日本の「三連休パス」や「土・日きっぷ」、JR東海の「北陸観光フリーきっぷ」、JR西日本・九州の「西日本パス」、JR四国の「四国ペアパス」、JR九州の「夏旅★学割きっぷ」などお得なきっぷを効果的に活用している。会員制だが、JR東日本全線のほか、函館・金沢・福井エリアが3日間乗り放題になる「大人の休日倶楽部会員パス」や全国のJRを連続した行程で201km以上利用する場合に運賃・料金が最大30%割引となる「ジパング倶楽部」を利用する人も多い。

JR地域会社の路線制覇は計画的に――JR四国・JR北海道

1980(昭和55)年から10年間行われた国鉄の「いい旅チャレンジ20000km」は当時営業キロが2万キロ強あった国鉄全線の242線区完乗を目指すキャンペーンとして実施された。前出の宮脇氏の本がきっかけと言われている。路線の始発駅と終着駅で自分と駅名の写った写真を撮り、事務局に送ると踏破認証シールが送られてくる。それを専用ファイルに集めていくものだ。踏破路線数によって記念品がもらえる。10線区から賞が設定されており、150線区で旅客局長賞、完全踏破で総裁賞がもらえた。現在もJR地域会社で同様のキャンペーンを実施している会社もある。青春18きっぷは、このキャンペーンにぴったりでおおいに活用されている。

JRの地域会社で比較的路線制覇に取り組みやすいのがJR四国とJR北海道である。2009(平成21)年10月1日現在でJR四国は営業キロが855・2km、駅数は260駅とJR全体の5%以下である。高松から宇和島へ瀬戸内海の美しい海岸線を走り、絶景の夕日にも出会える予讃線。

大歩危小歩危峡の渓流を越えて行く土讃線。しまんとグリーンラインとも呼ばれ日本一の清流四万十川周辺を走る予土線。その他に瀬戸大橋線や高徳線、牟岐線、徳島線、鳴門線、内子線など海や川に沿った路線が多い。

ＪＲ北海道は、営業キロ２４９９・８㎞、駅数４６６駅だが廃線になった路線も多いため、比較的幹線中心に回ることができる。塩狩峠やサロベツ原野が見どころで最北端の稚内駅を目指す宗谷本線や北見と常紋の急な峠越えの石北本線、トロッコ列車やＳＬが人気の釧網本線、ラベンダー畑や色とりどりの花畑が楽しめる富良野線など個性ある路線が多い。また日本三大車窓の峠を抜ける根室本線、道央と日本海を結ぶローカル色豊かな留萌《るもい》本線、サラブレッドの牧場が見える日高本線、函館・小樽・札幌・旭川の４大都市を持つ函館本線や洞爺・登別などの温泉地を回る室蘭本線などを中心に乗車すればクリア可能だ。

調査対象者のコメント（性年齢・居住地）

「沖縄のゆいレールで全駅乗降した」（男性50代・関西圏）

「飯田線、東海道本線、小海線、身延線、木次線、陸羽東線、米坂線を全線制覇しました」（女性50代・関西圏）

「青春18きっぷで北陸に行った。北陸本線を全線制覇した」（男性20代・首都圏）

釧路から札幌を目指すスーパーおおぞら　旅の販促研究所撮影

Column❸

鉄道博物館に行きましたか？

2年で来場者300万人を突破した鉄道博物館

２００７（平成19）年、さいたま市に鉄道博物館がオープンした。最寄駅は、大宮駅からニューシャトルで1駅の「鉄道博物館駅」。建物は3階建てで、展示スペースは約９６００㎡。ヒストリーゾーン、エントランスゾーン、コレクションゾーン、ラーニングゾーン、パークゾーン、ノースウィングに分かれている。

国の重要文化財を含む実物車両の展示、日本最大のＨＯゲージの鉄道模型を敷設したジオラマ、Ｄ51などの運転シミュレータ、ミニ運転列車など、子供から大人まで楽しむことのできる施設となっている。

オープンから約2年で入館者数が３００万人を突破するなど大変な人気で、現在の鉄旅ブームを象徴する施設であるといえる。

男性40～60代では40％が鉄道に関する施設を訪れている

11両の鉄道文化財が展示されている青梅鉄道公園などの鉄道公園や、博物館・記念館など、鉄道に関する施設は全国各地に存在している。日本には約１６０ケ所の鉄道に関する博物館や記念館があるといわれており、鉄道博物館以外では、東京の地下鉄博物館や、７１００形蒸気機関車「義経

図表　鉄道博物館や鉄道公園など、鉄道に関する諸施設の訪問経験　（%）

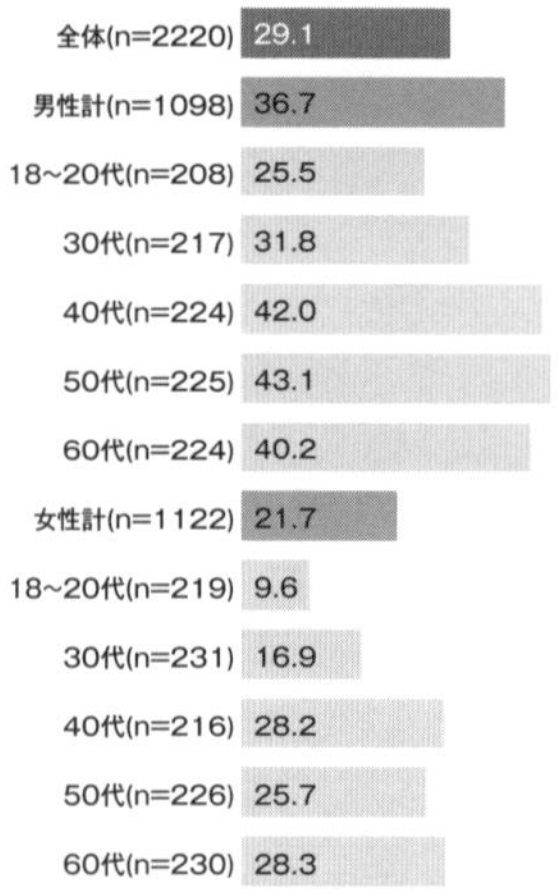

＊旅の販促研究所調査（2009年）

号」などの実物車両の展示、レールの総延長が約400mの大型ジオラマのある大阪の交通科学博物館などがある。

今回の調査では、これらの諸施設に訪問したことがある人は全体の29・0%であった。女性では21・7%程度であるのに対し、男性は36・7%となっている。特に男性40~60代は経験者が多く、いずれの年代も40%強となっている。

鉄道諸施設が育んできた鉄旅

今は存在しない施設の中で、最も多くの人の記憶に残っているのは、鉄道博物館の前身、東京・秋葉原にあった交通博物館だろう。第2次世界大戦前の1936(昭和11)年、当時の国鉄万世橋駅前にオープン。パノラマ模型運転場、実物車両や入り口にあった新幹線0系のような実物のカットの展示、鉄道以外にも船舶や飛行機などについての展示などがあり、多くの人で賑わった。

2006(平成18)年5月に70年の長い歴史を閉じたが、閉館日には、約1万4千人が来場、閉館時間も2時間延長されるなど、多くの人に愛された施設といえるだろう。

ちなみに、鉄道博物館のオープンは10月14日だが、交通博物館(開館当時は鉄道博物館)も同じ日にオープンしている。これは日本で初めての鉄道路線、新橋駅(汐留駅)と横浜駅間が開業した日、「鉄道の日」である。

路線が開業した際の日本人の興奮や感動、その後の鉄道への思いをつないでいる。その他の施設も同様であり、今後の鉄旅ブームを支える大きな柱となるといえるだろう。

鉄道博物館　旅の販促研究所撮影

第4章

こだわりの鉄道や列車の鉄旅

1 寝台車・夜行列車を楽しむ旅

全ての世代で強い鉄旅意向度、鉄旅のイメージリーダー

「寝台車や夜行列車を楽しむ旅」の鉄旅経験度は８・６％、18～20代男性で17・２％と最も多く、30～40代男性と30代女性でも１割程度と比較的多く見られる。青春18きっぷを活用して夜行列車を利用しているケースもコメントから読み取れる。鉄旅意向度は33・２％で確認した目的の中で最も高くなった。北海道へ向かう超豪華寝台特急が強く旅のイメージを牽引しているようだ。

ＪＲの夜行列車は、①寝台車両が中心の「寝台特急」、②座席と寝台の「急行」、③座席のみの「急行」と「特急」、④座席だけの「快速（ムーンライト）」が運行されている。横になれる「寝台」はA、Bの等級に分かれていて、さらに鍵付きの個室とカーテンだけの仕切りのものに分けられる。

ＪＲ上野駅の寝台特急が発車する13番線ホームでは、最近見なくなった旅の風景に出会える。札幌を目指す豪華寝台特急「カシオペア」や「北斗星」に一生懸命に手を振りながら見送る幸せそうな家族の姿だ。１９９９(平成11)年の「カシオペア」の登場以来、寝台特急は完全に二極化した。一方は北海道を目指す豪華寝台列車。特徴は豪華な個室と素敵な食堂車だ。そして対極にあるのが、

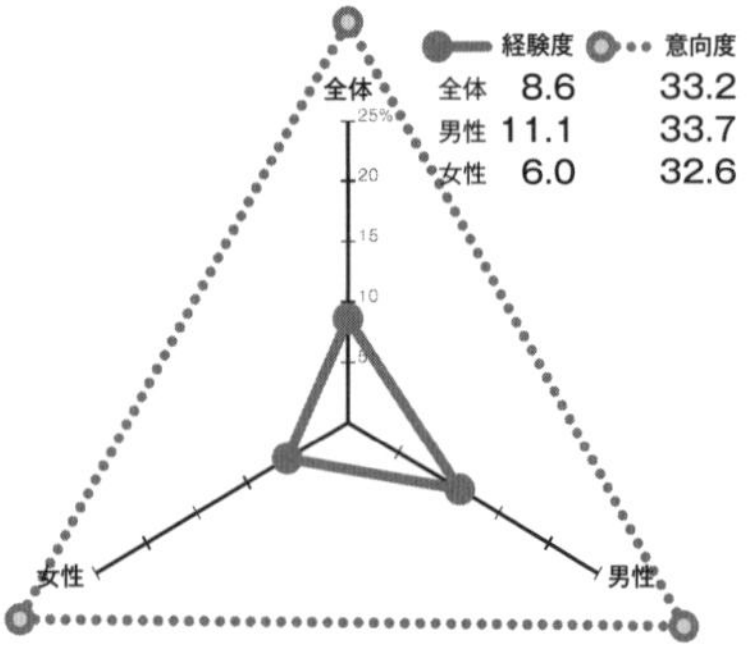

採算割れで廃止の続くブルートレインや夜行急行である。ただし、「サンライズ瀬戸・出雲」などビジネスユースで成功している列車もある。

北海道を目指す豪華寝台車の旅――北斗星・カシオペア・トワイライトエクスプレス

１９８８（昭和63）年３月の青函トンネルの開通と同時にデビューしたのが上野から札幌を結ぶ１２１４・７㎞を直通する初の寝台特急列車「北斗星」である。機能本位のブルートレインからフルコース料理を出す食堂車〝グランシャリオ〟など贅沢な夜の時間を提供することで成功した。開業当初の人気は爆発的でチケットの入手が困難な時期が続いたが、「カシオペア」のデビューで少し落ち着いてきた。車体のカラーリングからも正統派ブルートレインの印象が強い。

現在最もチケット入手が難しいとされているのが「カシオペア」である。寝台はすべて２人用の個室でグリーン。これに食堂車とラウンジカーが加わる超豪華寝台車だ。一番の人気が、１号車１番展望タイプのカシオペアスイートで車両の幅いっぱいを使った広さだ。16時20分上野発、翌日９時32分札幌着の旅はウェルカムドリンクで始まる。フルコースのフランス料理は沿線の素材を生かしながら北海道をイメージした内容になっている。ディナーの後のパブタイムは23時まで提供される。鉄旅意向度で１位になったのもカシオペアに一度は乗ってみたい人が多かったからだろう。

大阪発の「トワイライトエクスプレス」は金沢を経由して札幌

展望タイプのカシオペアスイートの車両　旅の販促研究所撮影

駅に至る約1500㎞の日本最長距離を走る旅客列車である。客室は個室中心で食堂車やサロンカーを連結し、長いルートを利用者が楽しめる編成にしている。ロココ調のインテリアの食堂〝ダイナープレヤデス〟の中のディナーはフランス料理のフルコースのみ。食事が終わってもサロンカーで楽しむことができる。特に青函トンネル通過中には、JR北海道の乗務員から面白いトンネルの解説が聞けることで人気を博している。

夜行列車は憧れと郷愁を乗せて――サンライズ瀬戸・出雲、あけぼの、ムーンライト

「サンライズ瀬戸・出雲」は、JR東海とJR西日本の共同開発により世界初のオール2階建て寝台電車として誕生した。22時ちょうどに東京駅を出発し、岡山で切り離されて高松と出雲市を目指す。個室はシングル中心でビジネスユース型に作られている。朝の光を浴びて瀬戸大橋を渡る光景など観光用としても十分楽しめる。寝台料金がかからず、横になれるカーペット敷きに肌掛けやテーブルまで付いた〝ノビノビ座席〟も人気が高い。

上野発のブルートレインとしては、秋田・青森を目指す「あけぼの」がある。「あけぼの」の座席には、女性専用の〝ゴロンとシートレディース〟などのサービスもあり人気だ。ただ、毛布や枕などは付いていないため、ネーミングのようにゴロンと横になれるだけである。また大阪からは、秋田・青森方面へ向かう「日本海」と金沢・新潟方面に向かう「きたぐに」が運行されている。

ビジネスに人気のサンライズ出雲・瀬戸　旅の販促研究所撮影

寝台料金や特急料金がかからず、青春18きっぷで利用できる快速「ムーンライトえちご」（新宿―新潟）、「ムーンライトながら」（東京―大垣）も若者を中心に人気だ。「ムーンライトえちご」には女性専用車も付いている。「ムーンライトながら」は、かつて大垣夜行とも呼ばれ多くの若者が利用した。

調査対象者のコメント（性年齢・居住地）

「北斗星、寝台の豪華さにはびっくりした」（男性50代・首都圏）

「カシオペアデュエットで友人と札幌まで旅行した。車内でいただいたディナー、車窓からの夜明けの風景。脱生活の旅であった」（女性60代・首都圏）

「トワイライトエクスプレスに乗車して徹底的に食堂車でも豪華にして、移動の時間を楽しめる旅行をした」（女性40代・北海道）

「サンライズ瀬戸は非常にきれいな列車でブルトレの匂いゼロだった。ノビノビ座席を利用したが次回はソロで寝てみたい」（女性20代・首都圏）

「ムーンライトながらを利用して東京での滞在時間をできるだけ長く確保した」（男性50代・東海北陸）

「青春18きっぷでムーンライトながらやムーンライトえちごの旅。北海道&東日本パスではまなすに乗る旅」（女性30代・首都圏）

「上野から金沢まで唯一の急行列車の能登に乗車。明け方の日本海、実にいい旅でした」（男性60代・北海道東北）

「夜行列車の女性車両が居心地良かった」（女性20代・首都圏）

2 イベント列車を楽しむ旅

家族や友人と楽しむイメージが、女性の鉄旅意向度を押し上げる

「お花見列車、ストーブ列車、SLなど期間限定のイベント列車を楽しむ旅」の鉄旅経験度は5・8％。男性では20〜40代、女性は40代で全体をわずかであるが上回っている。やはり家族と楽しむには、イベント列車がぴったりなのだろう。男女差があまりないのも特徴である。鉄旅意向度は25・8％と高い。女性の20〜50代では3割を超えている。スペックよりもソフト重視のイメージで、女性のほうが男性より意向度が高い旅である。

「子供を蒸気機関車（SL）に乗せてあげたい」、「家族で満開の桜の中を列車で通りたい」、「紅葉の中をオープンエアのトロッコ列車で観光したい」、「気の合う仲間と宴会しながら旅行がしたい」、「列車の中でコンサートが聞けたら」、そんな旅行者のニーズに合わせた列車がどんどん増えている。特にSLは、各地で復活運行され、メンテナンス技術の継承にも繋がる動態保存も注目されている。

大井川鉄道のSL運行　旅の販促研究所撮影

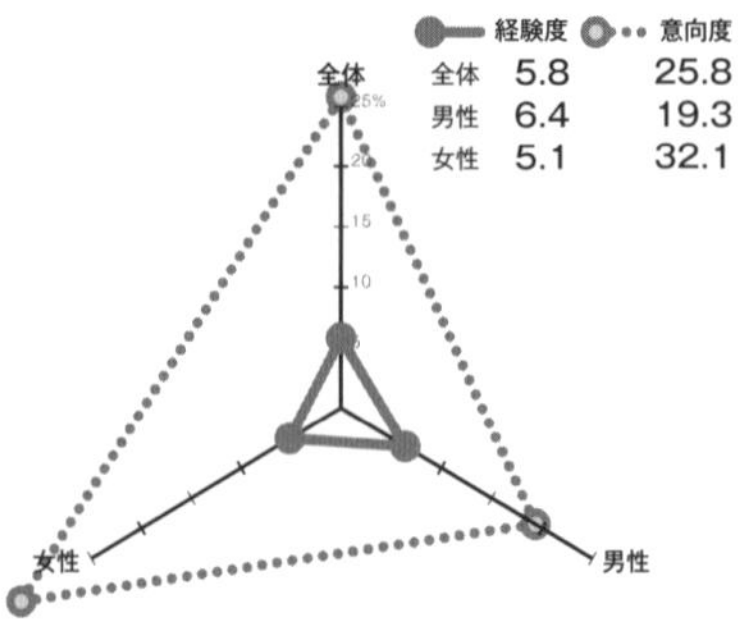

ＳＬはいつの時代も子供たちの目が輝く憧れの象徴――ＪＲ西日本山口線・大井川鉄道

ＳＬ列車は、春から秋にかけての週末や祝日でのイベント列車が中心で1日1往復という運行がほとんどである。人気が高く、予約していないと乗れないことも多い。車内ではオリジナルグッズやＳＬにちなんだ駅弁が販売される。ＳＬ復活運転のパイオニア的存在で30年も走り続けているのが山口線の「ＳＬやまぐち号」である。新山口から津和野間を重連の貴婦人Ｃ57形が駆け抜ける。展望車はホテルのサロンのようだ。ステンドグラスで飾られた欧風の車両やレザー張りシートの明治風の車両など趣向をこらした内装で、客車のレトロな外装からは想像できないような作りになっていて、旅の期待感を盛り上げる。

静岡の大井川鉄道「ＳＬ急行かわね路号」は、金谷から千頭間をこげ茶色や藍色のレトロな客車をＣ11形蒸気機関車で牽引する。大井川の流れと季節の木々を楽しみながらの約1時間半の旅だ。車内では女性乗務員がハーモニカを披露し、ＳＬグッズなどを販売する。大井川鉄道で注目されているのは㈶日本ナショナルトラストが行うトラストトレインに協力し、Ｃ12形や昔の客車を管理していることだ。年に数回、トラストトレイン運転として動態保存している客車を牽引している。ドアも手動式のレトロな客車だ。その他に、埼玉の上長瀞を発車して春にはソメイヨシノが満開の荒川鉄橋をＣ58形で渡る秩父鉄道「パレオエクスプレス」、土曜休日の通年運行をしている栃木の真岡鉄道「ＳＬもおか」、新潟から会津若松間を阿賀野川沿いに進むＪＲ東日本磐越西線の「ＳＬばんえつ物語」などがある。最近一番の話題がＪＲ九州鹿児島線・肥薩線を走る「ＳＬ人吉」だ。客車のデザインは水戸岡鋭治氏で、展望車は列車とは思えないほどのデザイン性を発揮している。

お座敷列車やお花見列車、みんなで楽しむ鉄旅——津軽鉄道・樽見鉄道・嵯峨野観光鉄道

青森の津軽鉄道は津軽五所川原から津軽中里間を結ぶ路線で、毎年冬になると「ストーブ列車」が登場する。トレインアテンダントによるサービスも人気で、地吹雪の中をひた走る列車の車内では石炭式ダルマストーブの上でするめや餅が焼かれる。夏から秋には津軽金山焼の風鈴を吊した「風鈴列車」や「鈴虫列車」が登場する。太宰治の生家「斜陽館」のある金木駅では、若い女性の姿も多い。隣の芦野公園駅の木造の旧駅舎は喫茶店「駅舎」として営業している。津軽五所川原駅では昔懐かしい駄菓子屋もオープンした。

岐阜の樽見鉄道は第3セクターで、普段はレールバスと呼ばれる簡易型ディーゼルカーが大垣から樽見間を運行している。無人駅も多い。根尾《ねお》薄墨桜の開花時期は多くの花見客が利用するので4月には桜ダイヤが組まれ、貨物用のディーゼル機関車が客車を引っ張る。濃尾平野から根尾川沿いの渓谷と桜の中を進んでいく。桜の時期以外にも昔の歌声喫茶を再現した「歌声列車」や薬草弁当や沿線のうすずみ温泉が楽しめる「薬草列車」をイベント列車として実施している。

京都の嵯峨野観光鉄道は、紅葉はやっぱり京都と思わせる列車でトロッコ嵯峨駅からトロッコ嵐山駅・保津峡《ほづきょう》駅を経由してトロッコ亀山駅までを運行している。保津峡下りの舟が見えるとお互いに手を振ったり、景色のいい場所に来ると停車して写真を撮りやすくしてくれる。紅葉ライトアップやハロウィントロッコ列車など趣向を凝らしている。亀岡からは2時間の舟下りで帰ることもできる。京都という場所柄、外国人観光客も多いので英語・中国語・韓国語のパンフレットも改札前に置かれている。

東北本線・陸羽東線で仙台から新庄間を走る「リゾートみのり」は鳴子峡の秋の紅葉と絶景が魅力。

鳴子温泉女将とのふれあいや地元の唄自慢のミニライブなどが楽しめる。他にもテーブルが車内中央に並びロングシートで食事ができる、岐阜県南部の恵那から明智間を結ぶ明知鉄道なども人気だ。

調査対象者のコメント（性年齢・居住地）

「ＳＬやまぐち号、ＳＬへの懐かしさから思い立って昨秋行ってきた。懐かしい汽笛、ドラフト音、あの煙の匂い。十分堪能してきた」（男性60代・関西圏）

「大井川鉄道のＳＬに乗車。女性車掌さんのハーモニカが楽しい」（女性60代・東海北陸）

「ＳＬすずらん号に乗る。わざわざ北海道に行き友人に誘われて行った。留萌本線は普段乗ることもないのでローカルな気分が味わえた」（男性20代・首都圏）

「きらきらみちのく下北号、下北半島での車内での津軽三味線」（男性60代・首都圏）

「お座敷列車ニューーなのはな号、掘り炬燵で楽だった」（男性20代・首都圏）

「トロッコ列車に乗りたかったので、富山の黒部へ出かけた」（女性50代・首都圏）

「京都嵐山のトロッコ列車、保津川下りとセットで楽しめる」（女性60代・首都圏）

「津軽鉄道ストーブ列車、だるまストーブのある列車で田舎の風景がとてもよかった」（女性30代・東海北陸）

「ストーブ列車の鄙びた雰囲気を楽しんだ」（女性60代・関西圏）

嵯峨野観光鉄道の停車サービス　旅の販促研究所撮影

3 新型車両を楽しむ旅

力強いキャンペーンが、新幹線利用の観光旅行を牽引する

「新幹線・特急・急行の新型車両などの乗車を楽しむ旅」の鉄旅経験度は17・６％で今回確認した目的の中で最も高くなった。出張など新幹線での旅行経験が多いと思われる30〜50代の男性で全体を大きく上回っている。鉄旅意向度は16・２％で、やはり、男性の30〜40代で２割以上と多く見られる。

新幹線利用の旅行で一番に浮かぶのが、ＪＲ東海の「そうだ　京都、行こう。」のキャッチフレーズで有名な京都観光キャンペーンである。１９９３(平成５)年に始まり、毎年美しいビジュアルとキャッチコピーで旅行者を京都へ誘う。関西方面からの旅行では、ＪＲ西日本が２００３(平成15)年から実施している瀬戸内観光促進のキャンペーン「ＤＩＳＣＯＶＥＲ　ＷＥＳＴ」がよく知られている。

在来線の特急ではＪＲ九州に代表されるように、レトロな外観と凝った内装の列車が人気だ。また、のんびりとローカル線の旅を楽しむのも最近のトレンドになってきた。

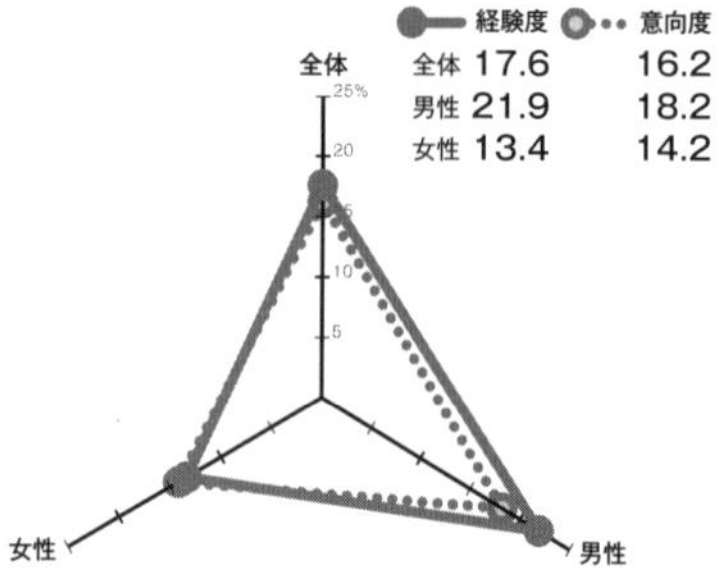

新幹線はどこまで進化するか——N700系、ひかりレールスター、はやて、つばめ

ＪＲ東海が２００７(平成19)年に投入したのがＮ７００系である。初代０系に比べ32％も電力消費量を減少させている。７００系から採用されたカプス形状は振動が少なく乗り心地もいい。乗り心地がいい列車は旅の疲れを防ぐ効果も高い。特にグリーン車はリクライニングすると座面も沈み込むシートで快適だ。東京から新大阪を2時間25分で結ぶ。１９６４(昭和39)年誕生の初代新幹線０系が４時間かかった行程をここまで短縮してきたことで本数も増え、観光旅行ユースも広がってきた。コメントでは、Ｎ７００系のグリーン車で何度も京都へ旅行に行く人もいた。

ＪＲ西日本で力を入れているのが、７００系を基にした「ひかりレールスター」。指定席はサルーンシートと呼ばれる２＋２の配置でゆったり感がある。８号車には４人用の個室も用意されていて、家族旅行にお薦めだ。また、並び座席の中央に付けられる無料のチャイルドクッションの貸し出しも実施されている。

ＪＲ東日本の東北新幹線は２０１０(平成22)年12月ついに八戸から新青森が開通する予定だ。新青森への延伸を念頭において「はやて」の新型車両も開発されている。開業時には最高時速３２０㎞で運転される予定で、東京から新青森までを3時間5分で結ぶ。スーパーグリーン車という１＋２の座席配置の車両も導入される。観光型新幹線として人気なのが、ミニ新幹線の秋田新幹線「こまち」と山形新幹線「つばさ」だ。米沢駅名物駅弁の「牛肉どまん中」の車内販売もうれしい。長野新幹線「あさま」では「峠の釜めし」も人

東海道新幹線N700系のぞみ　旅の販促研究所撮影

われている。

気である。上越新幹線のオール2階建て車両「Ｍａｘとき」で新潟へ行くキャンペーンも盛んに行

ＪＲ九州の九州新幹線「つばめ」は新八代から鹿児島中央間の路線で８００系と呼ばれる車両だ。デザインは水戸岡鋭治氏でグリーン車並みの２＋２の配置、座席はなんと西陣織だ。木のロールブラインドでテーブルは楠の木とナチュラルな内装になっている。

在来線はニューデザインとレトロ車両が人気――ＪＲ九州・ＪＲ北海道・ＪＲ東日本小海線

最もわくわくする列車に出会えるのが九州である。西陣織の座席に驚かされる九州新幹線「つばめ」やオール革張りシートの「白いソニック・白いかもめ」、天然木をふんだんに使用したグリーン車体の「ゆふいんの森」、レトロでいてかっこいいオールブラック塗装の「はやとの風」や真っ赤な「いさぶろう・しんぺい」など数多い。２００９(平成21)年10月には宮崎から南郷間の日南線に〝木のおもちゃのようなリゾート列車〟をコンセプトにした「海幸山幸」が運行を開始した。また、ＳＬを連想させるような真っ黒なボディーの熊本から宮地間を走る「あそ１９６２」の車内にはサイクルトレインとして自転車をセットできるおしゃれなスペースが用意されている。

ニューデザインの列車が多いのがＪＲ北海道である。「スーパーカムイ」「スーパーとかち」「スーパーおおぞら」「スーパー宗谷」などの特急が快走する。また、全国一の人気となった旭山動物園に行く列車として、札幌から旭川間を結ぶのが「旭山動物園号」だ。絵本作家のあべ弘士氏がデザインしたホッキョクグマなどの絵が描かれていて、記念撮影用の〝ハグハグシート〟など子供連れに大人気である。富良野への旅は高床で眺めのいい「富良野エクスプレス」や「富良野・美瑛ノ

ロッコ号」が楽しい。

環境に配慮しているのが、小淵沢から小諸間を走る小海線だ。ディーゼルエンジンと電気を併用し、世界で初めてハイブリッド列車を導入した。ＪＲ最高地点（標高１３７５ｍ）のある野辺山から清里間を走り抜ける。

調査対象者のコメント（性年齢・居住地）

「新型車両の新幹線に乗った時は、同行の外国人に喜ばれた」（女性50代・首都圏）

「新幹線で京都へ、往復3回ともグリーン車で新しいＮ７００系に乗った」（男性60代・首都圏）

「Ｎ７００系が走り出した日に小学生の息子と乗車した」（男性40代・首都圏）

「ひかりレールスターのコンパートメントをとるために、幼児に子供料金を払って乗車した」（男性30代・東海北陸）

「ＪＲ小海線のハイブリッドディーゼルの車両に乗りに行きました。環境にやさしい新技術車両でかつ急勾配を登っていけるのは世界にも通用する技術では」（男性40代・首都圏）

「くしろ湿原ノロッコ号、木で作られた車内で釧路湿原をゆっくり見る。甥っ子と初めて旅をしました」（女性50代・北海道）

「さっぽろ雪まつりを見た後、釧路までスーパーおおぞらを利用した。バスで8時間かかるところが4時間で移動できた」（女性50代・関西圏）

木をふんだんに使ったノロッコ号の車内　旅の販促研究所撮影

4 私鉄や第3セクターの列車を楽しむ旅

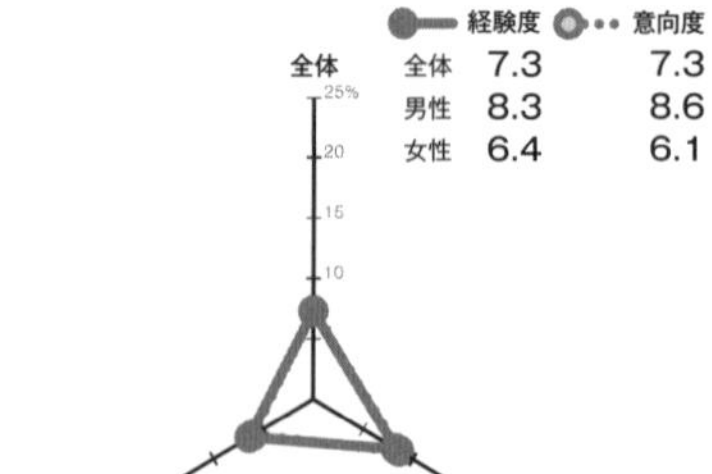

新型観光列車のPRで鉄旅イメージを強調

「新型の私鉄や第3セクターの列車を楽しむ旅」の鉄旅経験度は7・3%。男性では40代、女性は60代でやや多く見られる。鉄旅意向度は7・3%になった。

首都圏では私鉄のJRや地下鉄への特急列車の乗り入れが積極的に行われ、旅の利便性を高めている。関西でも、阪神なんば線の開業により神戸の三宮と近鉄奈良間が結ばれ、奈良への観光需要が高まっている。また、観光を意識した車両デザインは私鉄から始まったとされる。特に東京・名古屋・大阪の大都市圏から出発する各私鉄のフラッグシップ列車には、デザインやサービスの工夫がされている車両が多い。小田急ロマンスカー、東武鉄道スペーシア、伊豆急行リゾート21、近鉄アーバンライナー、名鉄ミュースカイ、南海電鉄ラピート、そして山本寛斎氏プロデュースの京成新スカイライナーもデビュー間近だ。

JRの合理化とともに増えてきたのが第3セクターの鉄道会社だ。第1セクターの自治体などと第2セクターの民間が共同出資して設立した企業体を第3セクターと呼んでいる。経営の苦しい第3セクターだが、観光客に様々なアイデアをぶつけているところは、元気で収入を増やしている。

ＪＲや地下鉄との乗り入れで旅行者増加――小田急電鉄、東武鉄道、富士急行、南海電鉄、名古屋鉄道

東京メトロの駅では青いロマンスカーのポスター、ＪＲ新宿駅や池袋駅では日光・鬼怒川方面のポスターがたくさん貼られている。小田急電鉄では「小田急ロマンスカー」の東京メトロ千代田線への乗り入れのため、地下鉄内を走ることができるＭＳＥ車両が開発された。土曜休日は北千住・大手町・霞ヶ関・表参道駅から乗車し、小田原・箱根湯本に直通約2時間で行くことができる。車内のＬＥＤ案内は４ヶ国語で外国人観光客にも配慮している。また、ＪＲ新宿・池袋駅からは東武鉄道「スペーシア」などで東武日光・鬼怒川温泉に直通約2時間で行けるようになった。個室の４人席もあり、家族旅行に人気だ。富士急行も創業80周年を記念して、大月から河口湖まで「富士登山電車」の運行を開始した。デザインは水戸岡鋭治氏で、車内は富士山に関するライブラリーで読書を楽しむコーナーや家族で楽しめる展望室などオリジナリティーあふれるデザインになっている。

関西では南海電鉄が高野山に力を入れている。東京方面からのアプローチで薦めている玄関口が関西国際空港だ。関空から高野山への起点となるなんば駅へは、最も特徴あるフェイスをしている南海空港特急「ラピート」で約30分。なんば駅で〝高野山・世界遺産きっぷ〟が購入できる。拝観

JR新宿駅に乗り入れるスペーシア　旅の販促研究所撮影

割引とお土産割引のクーポン券付きで、なんば発の「こうや」往復特急券付のお得な企画きっぷだ。南海高野線で橋本へ、そこで観光列車「天空」に乗り換えて極楽橋へ。「天空」の車両は森林のグリーン基調と高野山の根本大塔《こんぽんだいとう》をイメージした車体カラーで、森林の空気を取り入れる展望デッキスペースや山間の風景を見渡せるワンビュー座席、コンパートメント座席もある。名鉄で冬場人気なのが「日間賀島ふぐづくし」だ。名鉄全線のフリーきっぷと島までの名鉄海上観光船とふぐの食事がセットになっている。日帰りコースもお得な値段で設定されていて、大成功を収めている。

第3セクターもアイデアで観光客誘致に成功――三陸鉄道、秋田内陸縦貫鉄道、南阿蘇鉄道

国鉄再建法を機に次々と廃止が決まった赤字ローカル路線。しかし、どの沿線でも住民の廃線反対運動が展開された。第3セクターは運営母体に市町村が経営参加することが多い半官半民の公共交通機関である。ＪＲが新幹線を延伸した長野や東北では在来線が廃止され第3セクターとして再スタートしている。第3セクターの第1号は、東北の三陸鉄道で久慈線と宮古線、盛線の3線と鉄道公団が建設を進めていた区間をつなげて開業した。北リアス線と南リアス線がＪＲ東日本山田線を挟む形で運行している。

秋田内陸縦貫鉄道は、鷹巣からみちのくの小京都とよばれる角館間を結ぶ日本有数の豪雪地帯を通っている。急行「もりよし」という大きな窓のサロンカーのある列車も走っている。阿仁川に沿って鉄橋を何度も渡る列車はのどかでさわやかな旅を演出してくれる。九州の南阿蘇鉄道は立野から高森間を結ぶ旧国鉄高森線を継承した。手つかずの原生林の中を走るさわやかな列車で、白川渓谷を渡るトロッコ列車「ゆうすげ」からの眺めが素晴らしい。鉄橋上での一時停止のサービスもあ

る。途中には日本で一番長い名前の駅「南阿蘇水の生まれる里白水高原」という駅がある。

その他に、北越急行のほくほく線や東北の三陸セクターIGRいわて銀河鉄道と青い森鉄道、お座敷・トロッコ・展望車の「お座トロ展望列車」で有名なトンネルに入ると天井に星座が輝く会津鉄道などが頑張っている。

調査対象者のコメント（性年齢・居住地）

「小田急ロマンスカーが地下鉄乗り入れで新車両になったので箱根に行った。車両の雰囲気がリッチになった感じがした」（男性50代・首都圏）

「小田急ロマンスカーの展望席を４人で陣取って楽しんだ」（女性50代・首都圏）

「近鉄の伊勢志摩ライナーやアーバンライナーに乗って伊勢志摩をフリーで周れる切符〝まわりゃんせ〟で楽しんだ」（男性50代・関西圏）

「東武日光線で、温泉とゆばをいただくだけののんびりした旅」（女性60代・首都圏）

「三陸鉄道ローカル線の旅、新幹線で盛岡まで行きそこからローカル線で浄土ヶ浜・北山崎を巡る」（女性60代・首都圏）

「わたらせ渓谷鉄道の電車に乗った。渓谷がきれいだった」（女性60代・首都圏）

南海高野線の観光列車天空　旅の販促研究所撮影

5 路面電車やLRTなどを楽しむ旅

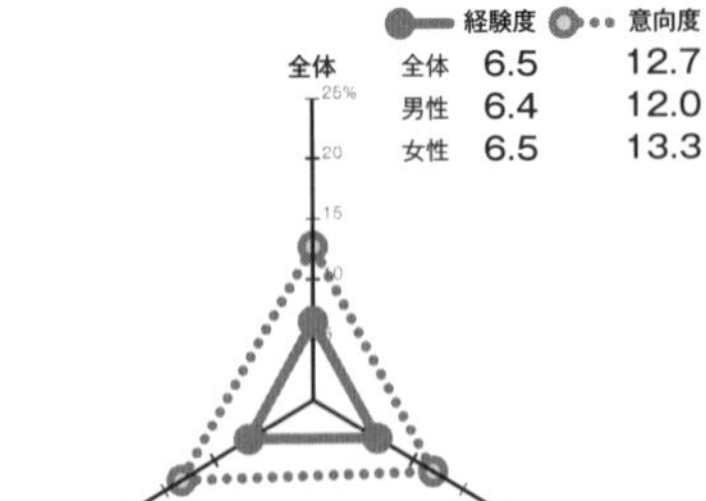

デザイン性のある二次交通が女性に人気

「路面電車やLRT、モノレール、軽便《けいべん》鉄道などを楽しむ旅」の鉄旅経験度は6・5％であり男女とも同程度の経験度となっている。鉄旅意向度は12・7％で、男性では30代、女性は40代で全体を上回った。最近の路面電車やLRTは、かわいいデザインの車両が多く女性のハートをつかんでいるのかもしれない。

大都会では、路面電車というと時代の遺物のように聞こえるが、LRTというと新しい環境に配慮した交通システムに聞こえる。LRTとはLight Rail Transitの略称で次世代型路面電車と呼ばれることもある。旧来の路面電車のデザインが新しくなっただけのものではなく、トータルな都市の交通システムとしてバリアフリーやパーク&ライド、他の交通機関との乗り換えが最初の計画段階から盛り込まれていたりする。また、街としても快適に走れるように信号などの交通システムの改善や自動車の規制がされているケースが多い。また、都市が完成されると新しい路線を作るのは難しいが、沖縄や東京のお台場では新たにモノレールや新都市交通が観光客の足として活躍している。

観光に便利な路面電車やLRT――広島電鉄、伊予鉄道、長崎電気軌道、富山ライトレール、岡山電気軌道

路面電車は西高東低といわれ、西日本のほうが多い。東は、函館・札幌・東京・鎌倉の4地区に対して、西は富山・高岡・福井・豊橋・京都・大津・大阪・岡山・広島・松山・高知・北九州・熊本・長崎・鹿児島と多くで運行している。都市交通の中核に位置付けているのが広島電鉄である。営業キロは35・1キロで日本一の長さだ。ヒロデンと呼ばれていて、1962(昭和37)年に広島駅から広島宮島口間を直通運転させ、宮島航路による宮島観光を後押ししてきた。伊予鉄道が運行する松山の路面電車「坊っちゃん列車」は明治の蒸気機関車と客車のデザインを復元して道後温泉に向かう電車として人気だ。夏目漱石が小説『坊っちゃん』の中で「マッチ箱の様な汽車だ」と言ったかわいい路面電車である。床も天井も客車は木造で当時を偲ばせる。長崎電気軌道の路面電車は、その安さが魅力で観光客を大いに助けている。

LRTを日本で本格的に導入したのが富山市である。富山ライトレール「ポートラム」と呼ばれ、2006(平成18)年4月29日にJR西日本の富山港線を引き継ぐ形で開業した。まちづくりの一環と考えられていて停留所もデザインを重視し、グッドデザイン賞の金賞を獲得した。車両は全て低床車で白地にレインボーカラーのラインを入れている。終点の岩瀬駅では、バスとの乗り換えも配慮されている。広島電鉄では国産初の100%低床車グリーンムーバーmaxという5車体3台車

広島電鉄のフルフラット低床路面電車　旅の販促研究所撮影

の長いLRTがひときわ目を引く。岡山電気軌道は、デザインがユニークだ。水戸岡鋭治氏のプロデュースで、バリアフリー低床電車「MOMO」をデビューさせグッドデザイン賞を受賞した。他にも、富山県高岡市の万葉線「アイトラム」や高知の「ハートラム」、鹿児島の「ユートラムⅡ」などがバリアフリー低床電車として街を走っている。京都や横浜、池袋でもLRTの導入が検討されている。

モノレールや新都市交通、軽便鉄道を楽しむ旅――ゆいレール、ゆりかもめ、森林鉄道など

モノレールでは、沖縄都市交通が那覇空港から首里間の12・9kmを運行する「ゆいレール」が観光路線だ。慢性的な道路の渋滞に巻き込まれることなく、沖縄本島の最大の観光地の首里城と那覇空港を結んでいるのでとても便利だ。ここには2つの日本一がある。日本最南端の駅「赤嶺」と日本最西端の駅「那覇空港」である。また、東京のお台場と新橋を結ぶ新都市交通「ゆりかもめ」も多くの観光客を運んでいる。特に、東京ビッグサイトで行われるコミックマーケットなどのイベントには地方から多くの若者が集まる。

軽便《けいべん》鉄道とは、その国や地域の標準的な鉄道の規格よりも低い水準の規格で建設された鉄道を指す。1910(明治43)年の軽便鉄道法の公布から約10年の間に多くの軽便鉄道が建設された。森林鉄道などにも多く利用されていたが、ほとんどの路線が廃止された。2009(平成21)年に高知県馬路村の旧魚梁瀬《やなせ》森林鉄道の遺産の多くが国の重要文化財の指定を受けた。また、その内7つが経済産業省の近代化産業遺産群に認定された。その他には現役の屋久島の安房《あぼう》森林鉄道が有名である。現在も運行している軽便鉄道としては、三重軌道という軽便鉄道によって敷設された三重の近鉄四日

市から内部間を結ぶ近鉄内部線、日永から西日野間を結ぶ近鉄八王子線がある。また、近鉄から路線を引き継いだ西桑名から阿下喜《あげき》間を結ぶ三岐鉄道北勢線も改軌されずに現在にいたっている。

調査対象者のコメント（性年齢・居住地）

「阪堺線、堺方面へ関西旅行でコトコト走る路面電車に乗った」（女性50代・首都圏）

「広島電鉄のグリーンムーバーｍａｘに乗りに行った時は、超低床車で今まで見たことない視点の景色が展開されて印象的だった」（男性30代・中国四国）

「江ノ電が家々の間をすり抜けるように走行し、突然車窓に海が見えて感動した」（女性50代・首都圏）

「松山の道後温泉に行った時の坊っちゃん列車はレトロ感満載の列車でした」（男性30代・九州沖縄）

「道後温泉で路面電車に乗り、連れのアメリカ人が大喜びした」（女性60代・首都圏）

「長崎で路面電車に乗った。さまざまなカラフルな電車が走っていて、車と同じ道路を走行していたのが印象的だった」（女性20代・関西圏）

「ゆいレール、那覇空港から首里まで2両連結のかわいい車両。那覇の町を高いところから見ながら走るので沖縄の再発見がある」（男性50代・首都圏）

沖縄の街を眼下に走るゆいレール　旅の販促研究所撮影

Column❹

島と鉄旅

現役の島の鉄道
——沖縄ゆいレールと屋久島の森林鉄道

海よって隔てられるため、一定程度の人口と広さがないと島の鉄道は成立しないようである。現在、日本の島の鉄道として頭に浮かぶのは、沖縄那覇にある沖縄都市モノレール線（ゆいレール）だろう。1970年代になり経済活動が活発になると那覇市内の道路渋滞が目立つようになり、年を経るごとに慢性化していった。その対策として2003（平成15）年に開業した。鉄道ではあるが、地上を走る電車ではなく、用地確保が少なくて済む中空を行く、浜松町から羽田空港や、茨木から伊丹空港を結ぶものと同じような跨座式のモノレールが採用されている。那覇空港—首里間12・9㎞をピーク時は6分間隔、所要27分で結んでいる。期待されて開業したものの経営は厳しいようである。

ゆいレールの他には岡山と香川を結ぶJR瀬戸大橋線は諸島にかかる瀬戸大橋を通過していくので、島の鉄道ともいえる。しかし、駅はなく通過していくので、島民や島に訪れる観光客の足としての鉄道とはなっていない。

島民の普段の生活に必要な移動手段ということでなく産業のために、屋久島には、全国で唯一現役の森林鉄道が存在する。屋久島は屋久杉に代表される森林資源の宝庫であり、江戸時代には、年貢も木材で納めていたような土地である。地形が俊敏で河川での木材輸送が困難であるため、1923（大正12）年に森林鉄道が開業した。最盛期には総延長26㎞にもなったが、次々と廃線となり、営業路線も現在は7㎞程度となってしまったようである。屋久島の森林鉄道は通称「安房《あぼう》森林鉄道」と呼ばれている。地図でみると縄文杉の近くまで路線はあったようで、様々な規制や障害はあるものの、現在の屋久島ブームのひとつの象徴、縄文杉までの交通ルートとして利用することも可能ではと空想してしまう。

廃線跡の残る島

現在、島に見られる鉄道はこの3つであるが、1983(昭和58)年まで活躍していた産業鉄道が沖縄県にあった。沖縄本島の東約400㎞に位置する南大東島には、サトウキビ輸送のための鉄道が島に張り巡らされていた。現在は島の「郷土資料館」に機関車や車両、貨車が保存されている。サトウキビ輸送に使われた鉄道が観光鉄道として現存しているのは、ハワイのマウイ島であるが、南大東島のものも現役であれば、さながら日本のさとうきび列車として観光客の人気を集める可能性があったかもしれない。

また、戦後に廃止された島の鉄道としては、淡路島の淡路鉄道がある。全線で23・4㎞の淡路鉄道は1925(大正14)年、淡路島を東西に横断する形で洲本駅、福良駅間が開通した。1943(昭和18)年に淡路交通と会社名が変わり、1966(昭和41)年にモータリゼーション化の波に抗えず廃止となった。廃線跡は、現在は大部分が道路として整備され、淡路交通本社のある旧洲本バスターミナルは当時の洲本駅であった。沖縄には全て終戦前の廃止であるが、「沖縄県営鉄道」「沖縄電気鉄道」「沖縄軌道」などがあった。「沖縄県営鉄道」「沖縄軌道」は1945(昭和20)年ごろに運行を停止し、戦後は復旧されることなく消滅してしまった。

こうしてみると日本の島における鉄道は存在しにくいようである。鉄旅は旅のひとつのジャンルである。ゆいレールは日本で最も南にある鉄道(モノレール)、安房森林鉄道は乗車できないのが残念だが、現存する日本唯一の森林鉄道と双方に大きな特徴を持っている。島における鉄旅として面白いスパイスになるかもしれない。

安房森林鉄道　屋久島町提供

第5章

鉄道に関するテーマの鉄旅

1 駅を訪ねる旅

かわいい駅や体験のできる駅の増加が女性の意向度を押し上げる

「日本最北端の駅、秘境駅、歴史の残る駅舎など駅を訪ねる旅」の鉄旅経験度は7・6％で男性の30～50代で全体を大きく上回っている。アクセスの悪い駅も多く、ハードな行程にもなるためか、経験度では男性が女性を大きく上回っている。鉄旅意向度は21・2％と高く、こちらは男女が同程度となっており、中でも60代女性は26・1％と多くが意向を示している。

最近人気が高いのが木造駅舎で、NHK—BSの「にっぽん木造駅舎の旅」として放送され、注目されている。昔から変わらない駅舎は郷愁を誘う。代表的な駅が、福岡の「門司港駅」や鹿児島の「嘉例川駅」、岡山の「美作《みまさか》滝尾駅」などで独特の味わいがある。また、人家のない場所にある秘境駅も人気で秘境駅の多い飯田線では、秘境駅ツアーが旅行商品化されている。

駅もただ単に乗り降りする場所から、和歌山電鉄貴志駅の猫の「たま駅長」に会いに行く、青森の津軽鉄道津軽五所川原駅の駄菓子屋を訪れる、千葉の銚子電鉄犬吠駅でぬれ煎餅手焼き体験をするなどアクティブな場所に変わってきた。また、長野の中央本線上諏訪駅や大分の久大本線由布院駅にある足湯や往年の名建築家の設計した駅舎、京都駅のように美術館が併設された駅を訪ねる鉄

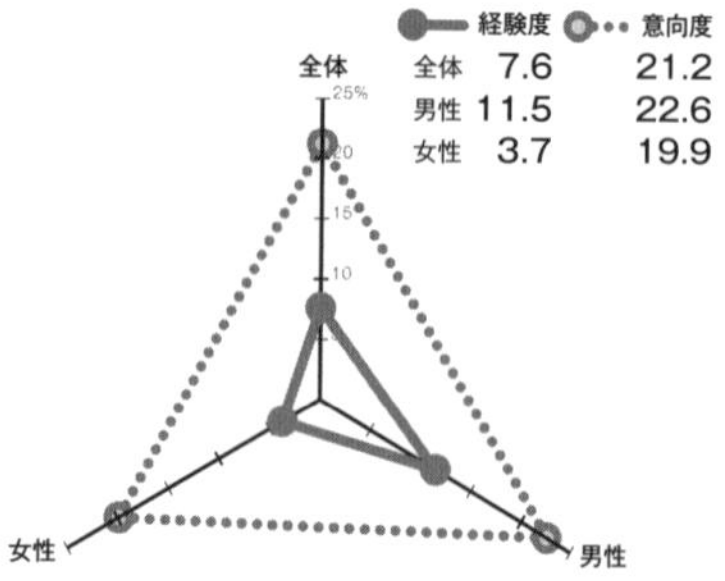

旅など様々な楽しみがある。観光地の駅には観光案内所があり、駅から旅が始まっていく。

日本一の駅や秘境駅に行く鉄旅

日本で一番の駅を訪れる鉄旅がある。まず日本最北端の駅の「稚内駅」。ＪＲの最長片道切符では始発駅か終着駅に選ばれることも多い。最東端は「東根室駅」だ。最西端はＪＲでは「佐世保駅」だが全鉄道事業者を入れると沖縄のゆいレール「那覇空港駅」になる。最南端もＪＲでは「西大山駅」だが、やはり全鉄道事業者を入れるとゆいレールの「赤嶺駅」だ。一番長い駅名は今までは一畑電鉄の「ルイス・Ｃ・ティファニー庭園美術館前」だったが駅名変更のため、現在は南阿蘇鉄道の「南阿蘇水の生まれる里白水高原」で22文字が最長。短い駅名は三重のＪＲ東海紀勢本線と近鉄の「津」になる。珍しい駅名では、兵庫と岡山、鳥取の県境を走る智頭急行の人の名前の付いた「宮本武蔵駅」がある。日本一高いところにある駅はＪＲでは小海線の「野辺山駅」。私鉄も入れると、立山黒部貫光立山トンネルトロリーバス「室堂《むろどう》駅」が海抜２４５０ｍで最も高い。逆に最も低いのは津軽海峡線の「吉岡海底駅」でマイナス１４９・５ｍだ。

秘境駅とは、断崖絶壁や深い山中などおよそ人のたどり着けないところにある駅で秘境駅訪問家の牛山隆信氏が名付けた。牛山氏のホームページ〝秘境駅ランキング〟によると、1位は北海道の室蘭本線「小幌駅」である。写真を見るとトンネルをすぐ出たところに狭く細長いホームがあり、待っていると吹き飛ばされそうだ。近隣に人家もなく、いったい誰が利用するのだろうと思ってし

和歌山電鉄貴志駅のたま駅長　旅の販促研究所撮影

まう。秘境駅が多いのが信州の飯田線。全長195・7㎞の豊橋から辰野間には94駅もあり「小和田駅」などの秘境駅がたくさんある。静岡の大井川鉄道井川線には、「奥大井湖上駅」というダム湖の上の駅もある。

歴史のある駅舎やユニークな駅を巡る旅

北九州の「門司港駅」は、かつては鹿児島本線の起点駅として一大ターミナルを形成していた。1914(大正3)年に建てられ、日本で初めて国の重要文化財に指定された駅で重厚な建築は、門司港レトロ地区の顔となっている。赤レンガの「東京駅」も重要文化財だが、指定されたのは2003(平成15)年である。現存する日本最古の鉄道駅舎は滋賀の北陸本線「長浜駅」で現在は鉄道資料館になっている。1882(明治15)年に完成、新しい駅舎は1902(明治35)年に建てられた。鉄道記念物指定第1号になったのが、鹿児島の肥薩線「嘉例川駅」。1903(明治36)年に建てられて第2次大戦の機銃掃射の痕も残っている。私鉄では大阪の南海電鉄「浜寺公園駅」が最も古く、1907(明治40)年に建てられた。木造洋風建築で設計は東京駅の設計と同じ辰野金吾氏である。

ユニークな駅では、会津鉄道の大きな茅葺き屋根の「湯野上温泉駅」がある。途中下車して大川河原の露天風呂を楽しむ人も多い。JR東日本北上線の「ほっとゆだ駅」では湯田温泉郷の湯を引き、外観も暖簾が掛かって温泉宿のようである。途中下車の時間のない人には、前出の「由布院

重要文化財指定の門司港駅　旅の販促研究所撮影

駅」や「上諏訪駅」で足湯を楽しむこともできる。夕日の一番きれいな駅は愛媛の「下灘駅」といわれ青春18きっぷのポスターにもなった。映画やドラマのロケ地として使われた駅では、北海道の留萌本線「恵比島《えびしま》駅」がＮＨＫの朝の連続テレビ小説「すずらん」で明日萌駅として改装されて現在も駅名の看板を残して営業している。駅長室にはドラマで駅長を演じた橋爪功の蝋人形が飾られている。終着駅の「増毛《ましけ》駅」は高倉健主演の「駅ＳＴＡＴＩＯＮ」の舞台。同じく北海道の根室本線「幾寅《いくとら》駅」は浅田次郎氏原作の映画「鉄道員《ぽっぽや》」で幌舞駅として撮影された駅である。また、廃線になった駅を巡る鉄旅も静かなブームになっている。特に北海道の三井芦別鉄道など鉱山専用線に使われていた駅は、当時を偲ばせる跡が残っている。

調査対象者のコメント（性年齢・居住地）

「九州の門司港駅の情緒ある雰囲気がとても印象的でした」（女性20代・首都圏）
「最近テレビや雑誌で話題の鹿児島の嘉例川駅に行った」（男性60代・東海北陸）
「大井川鉄道で行った大井川のダム湖の上の湖上駅が印象的だった」（女性60代・首都圏）
「廃線になった島根の旧大社線大社駅を見学、ＳＬも含めて大社駅は素晴らしい建物で、今後も大切に残してほしい」（女性50代・首都圏）
「日本最西端と最南端を訪ねる旅。最南端は無人駅で帰りの列車が約2時間なく、時間調整が難しかった」（男性50代・九州沖縄）
「愛媛の下灘駅の風景、徳島の秘境駅の坪尻駅に降り立った」（女性50代・関西圏）
「会津鉄道の湯野上温泉駅に茅葺きの屋根の駅舎を見に行った」（男性50代、首都圏）

2 鉄道施設を楽しむ旅

男性向けのテクニカルな要素が強いが、景色と一体になった美しさで女性も惹き付ける

「トンネル・橋梁・スイッチバック・アプト式・ループ線など鉄道関連の施設を楽しむ旅」の鉄旅経験度は7・3％となった。男性40〜50代で全体を上回っている。鉄旅意向度は14・3％で、男性40〜50代で2割程度と比較的多い。橋梁など景色と合わせて楽しむ施設もあるが、ちょっとマニアックな鉄旅である。

スイッチバックとは、急勾配を一気に登れない列車が、進行方向を何度も変えながら、行きつ戻りつジグザグで走るコースで、折り返し地点には駅や信号が設けられている。アプト式は、さらに急勾配に対して軌間の中央に波状のレール（ラックレール）を敷設し、機関車に取り付けられた歯車を噛み合わせて車輪の滑りを防ぐ方式。ループ線とは、勾配を登るための環状になっている線路を指す。橋梁は絶好の撮影ポイントとして人気だ。列車によっては徐行運転のサービスや観光案内をしてくれる。また、国の重要文化財になっている施設もある。

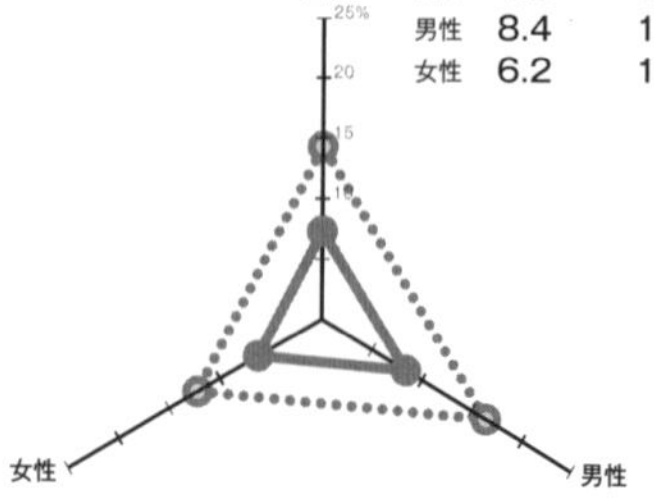

	経験度	意向度
全体	7.3	14.3
男性	8.4	16.4
女性	6.2	12.2

トンネル・橋梁・スイッチバック・アプト式・ループ線を訪ねる旅

日本一長いトンネルは、1988(昭和63)年に営業開始した青函トンネルの全長53・85㎞である。橋梁では、全長3750mの関西国際空港連絡橋が最も長い。瀬戸大橋はいくつかの橋の集合体で島の中は橋でない部分もあり、一番にはなっていない。高さでは旧高千穂鉄道の高千穂橋梁が水面から103mで一番高い。しかし2005(平成17)年の台風14号で被害を受け、高千穂鉄道は廃止された。形が美しいのが、山陰本線の余部鉄橋だが、現在は老朽化のための建て替え工事をしている。また北海道帯広の北側にある旧志幌線のタウシュベツ橋梁は、糠平《ぬかびら》湖の北端にあり、その美しさで有名だ。壮大なアーチが11連重なり、全長130mの橋は湖面が氷結する1月ごろに姿を見せる。夏ごろから湖面に沈み始め、〝幻の橋〟とも呼ばれる。

スイッチバックが見られるのが、箱根登山鉄道や篠ノ井線。肥薩線の大畑駅ではループ線のスイッチバックが見られる。アプト式では、大井川鉄道井川線(南アルプスあぷとライン)が有名で、アプトいちしろから長島ダムの90‰《パーミル》という急勾配を小さな機関車が客車を押し上げる形で登っていく。ちなみにパーミルとは勾配の単位で、1‰は1000m走って1m登ること。日本で最初にアプト式を採用したのが信越本線の横川から軽井沢間で勾配が66・8‰と大きかった。アプト式の列車を後押しする機関車や粘着式の機関車が活躍したが、長野新幹線のデビューと共に廃線となった。今では、碓氷峠鉄道文化むらでその姿を見ることができる。本格的登山列車である箱根登山鉄道も80‰の急勾

大井川鉄道井川線（南アルプスあぷとライン）　旅の販促研究所撮影

配だが、アプト式ではなく粘着式で運行されている。

国の重要文化財になった鉄道施設

京都駅から近い梅小路蒸気機関車館の中にある梅小路機関車庫（扇形車庫）は２００４(平成16)年に国の重要文化財の指定を受けた。転車台を中心に東西に扇状となっている。内部は機関車駐留所や整備のための作業所に分かれ、20あまりの引き込み線を収容している。その後小規模な改修がなされたが、ほぼ創建当初の状態を今に留めている。そして現在でもＳＬ北びわこ号は、ここを起点としてイベント運行に出て行く。修学旅行の見学も多く、１日数回ＳＬスチーム号が実際にお客さんを乗せて体験走行している。走行後は転車台での回転や石炭の積み替えなどを見学できる。

碓氷《うすい》峠を越える横川から軽井沢間の周辺は鉄道施設の宝庫だ。ＪＲ線で最も急勾配を走る路線として、様々な工夫と努力がされていた。有名なめがね橋の愛称で知られる碓井第３橋梁はアプト式時代のもので風格がある。レンガ造りの丸山変電所は１９１１(明治44)年に建造されたもので重要文化財に指定されている。見るだけでなく、自分でも列車を運転できるのが１９９９(平成11)年に横川機関区の跡地を利用してオープンした碓氷峠鉄道文化むらだ。ＥＦ63形という補助電気機関車の体験運転をすることができる。

小樽市にある旧手宮鉄道施設は周辺に明治時代からの建造物が数多く残っており、２００１(平成13)年に重要文化財に指定された。旧手宮駅構内は現在、小樽市総合博物館となっている。１８８５(明治18)年に竣工した国内に現存する最古の扇形に配置された煉瓦造りの機関庫や１９１９(大正８)年に作られた下路式ガーダーの転車台は博物館の代表的な建造物として見ごたえがある。

調査対象者のコメント（性年齢・居住地）

「九州の肥薩線は景色がいいのとループ線のスイッチバックがありSLの保存もされていて楽しい」（男性40代・首都圏）

「アプト式の列車に乗り、連結などを目の前で見た」（女性40代・首都圏）

「大井川鉄道のSLに乗り、アプト式に乗って湖上駅で降りて橋の上を散歩したのが楽しかった」（男性30代・東海北陸）

「はじめて列車で青函トンネルを通ったこと」（女性60代・首都圏）

「碓氷峠、めがね橋の上を歩け、付近の紅葉と合わせてよい景色が見られる」（男性40代・首都圏）

「北海道に旧士幌線のタウシュベツ橋梁を見学に行った」（男性50代・首都圏）

「四国の琴平に行くのに新幹線を選んだのは、瀬戸内海にかかる橋を渡りたかったから。車窓からの景色が忘れられない」（女性60代・首都圏）

「箱根登山鉄道のスイッチバックや運転手の車両移動が面白い」（男性30代・首都圏）

「豊肥本線の立野駅でスイッチバックがあり、車内アナウンスで高低差があるために作られたと説明があった」（女性50代・九州沖縄）

「梅小路蒸気機関車館にある転車台にSLが乗って回るのがすごかった」（男性40代・首都圏）

梅小路機関車庫（扇形車庫）　旅の販促研究所撮影

3 鉄道写真を撮る旅

操作しやすいデジカメの普及で女性の愛好家も増加傾向

「鉄道関連の写真や映像を撮る旅」の鉄旅経験度は３・６％、鉄旅意向度は５・０％となった。経験・意向とも男性中心になっており、いずれの指標も40～50代と18～20代で比較的多く見られる。また、意向では18～20代女性でも４・１％と比較的多く見られる。

男性比率の高い鉄道写真の旅だが、女性の進出も多くなってきた。その要因は、デジタル一眼レフカメラの価格が手頃になってきたことだろう。誰もが気軽に撮れ、プロ並みのテクニックも使えるデジカメによって、鉄道写真は新時代を迎えている。ＮＨＫの「趣味悠々」などでもデジカメで列車をうまく写す技術などを分かりやすく教えている。最近は、ハイビジョンで撮れるビデオカメラも手軽になってきて、特に音も一緒に録りたいＳＬなどでは大活躍している。また、撮った写真や映像をブログやＳＮＳのミクシィ、ユーチューブなどにアップする人も多く、新しい鉄道写真ファンのコミュニティが拡がっている。

子供にも人気の被写体が、マンガなどのキャラクターが描かれたラッピング列車だ。ＪＲ四国の「アンパンマン列車」やＪＲ西日本境線の「鬼太郎列車」など様々なキャラクターが車外、車内両

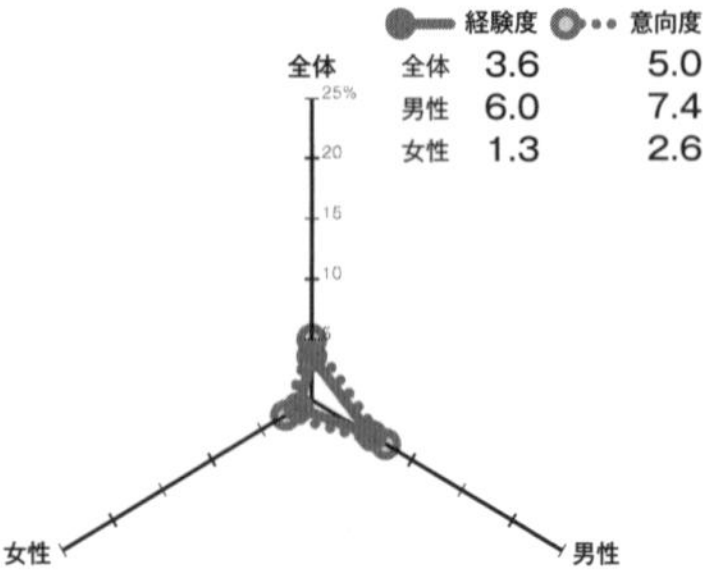

方でお出迎えしてくれる。

さよなら列車と新線1番列車の撮影は、怒号と号泣が入り混じる

関西の鉄道写真ファンが一番撮りたいもの。それは山陰本線の余部鉄橋を通過する列車だったのではないだろうか。その余部鉄橋も架け替え中で今は往時の姿は見られない。現在鉄道写真ファンに人気なのがＳＬだ。土曜休日のイベント列車として手軽に撮りに行ける。それぞれ撮影ポイントがあり、埼玉の秩父鉄道「パレオエクスプレス」は高さ20ｍの荒川橋梁の上がきれいに写せる。九州の熊本から人吉を走る「ＳＬ人吉」も球磨川を渡る橋の上が人気のスポットだ。

最も込み合うのが新線の1番列車と廃止になる路線や列車のさよなら運転だ。大勢の撮り鉄・乗り鉄が駆け付ける。最近、新線では「つくばエクスプレス」、さよなら運転では「富士／はやぶさ」の九州方面最後のブルートレインが賑わった。撮影ポイントの場所を取り合う怒鳴りあいと「ありがとう！」と叫ぶ共感の大号泣が入り混じる。

季節の写真では、紅葉が人気で東北の鳴子峡を走るＪＲ東日本陸羽東線や栃木のわたらせ渓谷鉄道、京都の嵯峨野観光鉄道では最徐行や停車して撮りやすくしてくれる。ローカル線を写す旅もロマンがあり、房総の小湊鉄道やいすみ鉄道はのどかな風景の中で撮れて絵になる。テレビや映画のロケでも使われている。映像以外でも鉄道の様々な音をコレクションする人も多い。

ダイヤ改正で廃止の決まった能登　旅の販促研究所撮影

かわいいを刺激するオリジナル列車やキャラクター列車を写す旅

かわいい列車の和歌山電鉄が女性に人気だ。和歌山電鉄貴志川線は、和歌山と貴志間を結ぶ14駅・14・3㎞の路線で、2005(平成17)年に南海電鉄から岡山電気軌道が廃止の危機にあった路線を継承し、翌年から運行を開始した。この路線が一気に話題となったのが、2007(平成19)年に三毛猫の「たま」が貴志駅の駅長に就任したことだ。スーパー駅長の「たま」が貴志駅の改札前の駅長室でお出迎えしてくれる。車両デザインに凝っていて、岡山市電の「MOMO」を手掛けた水戸岡鋭治氏がデザインを担当し、2006(平成18)年貴志特産のイチゴを描いた「いちご電車(日本鉄道賞表彰選考委員特別賞)」、翌年には真っ赤な車体におもちゃのイラストが描かれた「おもちゃ電車」、2009(平成21)年には外観だけでなく内装も〝たま仕様〟の猫足のロングシート・三毛猫柄の「たま電車」が運行され、〝かわいい〟を刺激するデザインでいつも人を集めている。同年には和歌山電鉄貴志川線地域公共交通活性化再生協議会が優良団体として国土交通大臣表彰を受けた。

キャラクター列車も全国に広がっている。上信電鉄の上信ギャラクシーエクスプレス「銀河鉄道999号」は、高崎から下仁田間を走る松本零士氏の描いたメーテルと鉄郎がラッピングされた列車だ。三重の伊賀鉄道も同じく松本氏が描いた「くノ一電車」が運行されている。やなせたかし氏の描いたJR四国のアンパンマン列車や鳥取のJR西日本境線の水木しげる氏の描いたちょっと怖い「鬼太郎列車」「ねずみ男列車」「ねこ娘列車」、富山のJR西日本氷見線・城端線の藤子不二雄Ⓐ氏が描いた「忍者ハットリくん」でラッピングされた列車、富士急行の「トーマスランド号」、千葉の銚子電鉄「桃太郎電鉄」ラッピング列車など子供たちに人気のキャラクター列車も被写体として人気だ。東北新幹線「はやて」もポケモンのラッピングを行っている。前出のいすみ鉄道も2009(平成21)年に「ムーミン列車」を導入した。

調査対象者のコメント（性年齢・居住地）

「四国の松山から高松間のアンパンマン列車がかわいかった」(女性40代・首都圏)

「アンパンマン列車のペイントを見て子供が興奮してくれた」(女性20代・関西圏)

「もうすぐ架け替えられてしまうので余部鉄橋を見学し、鉄橋を渡る列車の写真を撮った」(女性50代・首都圏)

「秩父鉄道のパレオエクスプレス、SLの中から写真撮影をするテツを見るのが楽しかった。彼らは撮影ポイントを先回りしているので、あらゆる駅で同じ輩を見かけた」(女性20代・首都圏)

「銚子電鉄、各駅舎と車両を写真におさめた」(男性50代・首都圏)

「鳥取県の鬼太郎列車が印象的だった」(女性40代・首都圏)

「廃線の決まった、くりはら田園鉄道に乗りに行った。別れを惜しむ人が大勢いた」(女性40代・首都圏)

「たま駅長のいる貴志駅が印象に残った」(男性40代・関西圏)

「たま電車といちご電車がかわいいデザインでいっぱい写真を撮った」(男性40代・首都圏)

御殿場線電化、さよならSL　旅の販促研究所所蔵

4 駅弁を楽しむ旅

広い年代層に親しまれている駅弁

「旅行先の駅で駅弁を買って楽しむ旅」の鉄旅経験度は11・8%となっており、40～50代の男性で全体を上回っている。鉄旅意向度は28・6%で非常に高くなった。男女別で大きな差は見られないが、男性は30～50代、女性は30代以上で3割程度と比較的多くなっている。

駅弁は日本独特の食文化で欧米にはなく、アジアには類似のものも見られるがあの芸術的な工夫の仕方などはとうてい望めない。駅弁の魅力は、味と容器などのデザインによって決まる。味とデザインで重要なのは「ご当地性」である。牡蠣や蟹などその地で採れるものや横浜のしゅうまいなど中華街をイメージさせる食材を使ったものがある。また、デザインでは特産品のだるま（高崎）や郷土人形のさるぼぼ（高山）など容器にその土地をイメージさせるものを使ってアピールしているものも多い。

お土産やグッズも鉄道会社が力を入れているもののひとつだ。特に第3セクターや私鉄のローカル線など鉄道自体の収入の低い路線で、〝これは〟というアイデア商品が見られる。最近はインターネットでも購入できるので、鉄道事業以上に収益を伸ばしている会社もあるようだ。

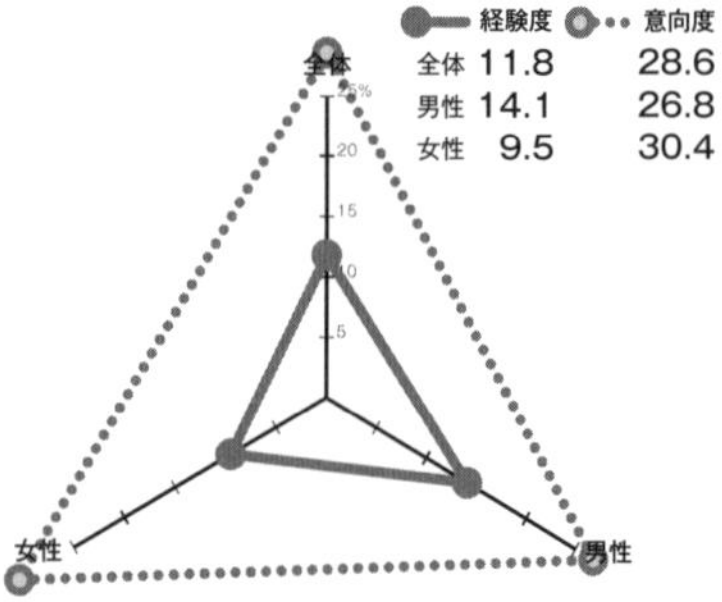

定番の人気駅弁と工夫いっぱいの新駅弁

駅弁は、旅の楽しみのひとつで、その駅や路線に乗ったら絶対に食べたい駅弁というものがある。2007(平成19)年に当研究所の著作『食旅入門―フードツーリズムの実態と展望』の中の〝国内旅行中に食べた駅弁・空弁で印象に残っているもの〟の調査結果では、1位「峠の釜めし(横川駅)」、2位「鱒ずし(富山駅)」、3位「焼鯖寿司(羽田空港)」、4位「牛タン弁当(仙台駅)」、5位「だるま弁当(高崎駅)」となった。3位以外は駅弁である。その駅でしか買えないものとその地域で販売しているものがある。森駅の「いかめし」などその駅でしか買えない駅弁は、それだけ希少性が高いので、その駅弁を買うためにわざわざ普通列車を選ぶ旅行者も多い。

最初の駅弁は1885(明治18)年に日本鉄道宇都宮駅で販売されたもので、握り飯と沢庵を竹の皮で包んだものであったといわれている。現在の様な折詰型は1889(明治22)年に姫路駅で発売されたのが始まり。峠の釜めし、カニ飯、ふく弁当、牛肉どまん中、鱒のすし、うなぎ弁当、焼鯖寿司、茶めし、はらこ飯、牛タン弁当、かきめし、かしわ飯と名前を聞いただけで買いたくなる。JR西日本山陽本線姫路駅の日本一の弁当を作ろうと社内募集をした「ハッピーまねき」というまねき猫型の瀬戸焼の容器に入った瀬戸内産のタイの押し寿司やJR東海身延線富士宮駅の今はやりのB級グルメ「駅弁版極富士宮やきそば弁当」もユニークで人気だ。また、新宿の京王百貨店では毎年1月に「元祖有名駅弁と全国うまいもの大会」を開催していて大変な人出となる。

西明石駅のひっぱりだこ飯　旅の販促研究所撮影

お土産の販売で鉄道事業収入を補う

毎年10月14日の鉄道の日の近くの土日には、東京の日比谷公園で「鉄道フェスティバル」が開催され、多くの鉄道ファンが集まる。人気なのが、各鉄道会社がブースで販売する切符や鉄道関連用品、オリジナルのお土産やグッズである。ＪＲ九州のブースでは、予約販売を行っている列車の形のプレミアムボトル焼酎が人気だった。ゆふいんの森やＳＬ人吉、九州新幹線つばめ、白いかもめの車両デザインのボトルだ。みんてつ館という私鉄や第3セクターの鉄道会社の集合ブースも大人気で、津軽鉄道では五所川原市特産の「津軽鉄道発つくねいもチップス」、和歌山電鉄では「駅長たま カレンダー」などが販売されていた。

お土産やグッズは収益性が高いので、存続が危ぶまれるローカル線では、特に力を入れている。有名なのが銚子電鉄で、ぬれ煎餅の販売で起死回生を果たしたのは有名だ。銚子電鉄公認の佃煮屋がイワシやカツオの佃煮を犬吠駅で販売していたり、「でんでん酒」という車両パッケージの本醸造酒も人気商品となっている。同じ千葉のいすみ鉄道も存続が危ぶまれている路線で、揚げ煎餅の「い鉄揚げ」などを積極的に販売している。

銚子電鉄の大人気ぬれ煎餅　旅の販促研究所撮影

調査対象者のコメント（性年齢・居住地）

「カニ弁当、いかめしを購入するために普通列車に乗って旅行した」（女性60代・北海道東北）

「列車の中で食べる岡山のままかり寿司が美味しかった」（男性60代・首都圏）

「山形新幹線の中で牛肉どまん中弁当を予約して食べた」（男性40代・首都圏）

「やはりこの場所を通ると気になって買ってしまう、峠の釜めし」（女性40代・北関東甲信越）

「20代のころに研修に行くたびに食べた東京駅のチキン弁当がもう一度食べたくて、東京駅からの旅行の計画をたてた」（男性40代・首都圏）

「3人の家族旅行で停車駅ごとに駅弁を買って、みんなで少しずつ味わって食べた」（男性40代・首都圏）

「石川県の焼鯖寿司や笹寿司などの駅弁がおいしく、印象に残っている」（女性20代・首都圏）

「静岡の茶めし弁当を食べるために静岡まで行きました。どこか懐かしく美味しくてよかったです」（男性30代・関西圏）

「仙台の牛タン弁当をテレビで見たので食べてみたくなった」（女性60代・北海道東北）

「仙台のはらこ飯は旨い」（男性50代・首都圏）

「銚子電鉄の古い列車と沿線の懐かしい町並みと景色。ぬれ煎餅も印象的だった」（男性50代・関西圏）

「東北の三陸鉄道で、赤字解消のせんべいをお土産に買った」（女性50代・東海北陸）

「和歌山電鉄でたま駅長のノートを子供のお土産にした」（男性40代・首都圏）

5 切符やスタンプを収集する旅

スタンプラリーのキャンペーンは、若い世代に人気

「記念きっぷやスタンプラリーを楽しむ旅」の鉄旅経験度は、2・4%となった。40代以下の男性で4～5%とやや多く見られる。鉄旅意向度は3・7%で、男性では40代、女性は18～20代で比較的多く見られた。意向度では男女がほぼ同じになった。

前出の東京の日比谷公園で行われる「鉄道フェスティバル」に行くと、各鉄道会社で一番多く販売されているのが実は切符である。特にJR徳島線の「学駅」など、受験で縁起のいい名前の駅の切符はすぐに売り切れてしまう。縁起のいい駅名は多く、昔の「愛国駅」や「幸福駅」のようにその駅の切符を買うために旅に出るケースもあるようだ。

スタンプラリーは親子の楽しい鉄旅になっている。特に首都圏周辺の地方からは、JR東日本の「ホリデーパス」などお得な切符を利用して「ポケモン・スタンプラリー」と東京観光を楽しむことができる。さらに遠くからは全日空とも連動しているので「ANA　ピカ乗りサマー」との組み合わせや東北新幹線「はやて」のポケモン新幹線と合わせて行くとさらに家族で盛り上がるようだ。

駅スタンプと呼ばれる多くの駅に設置されている観光スタンプを収集する旅も楽しい。その駅に

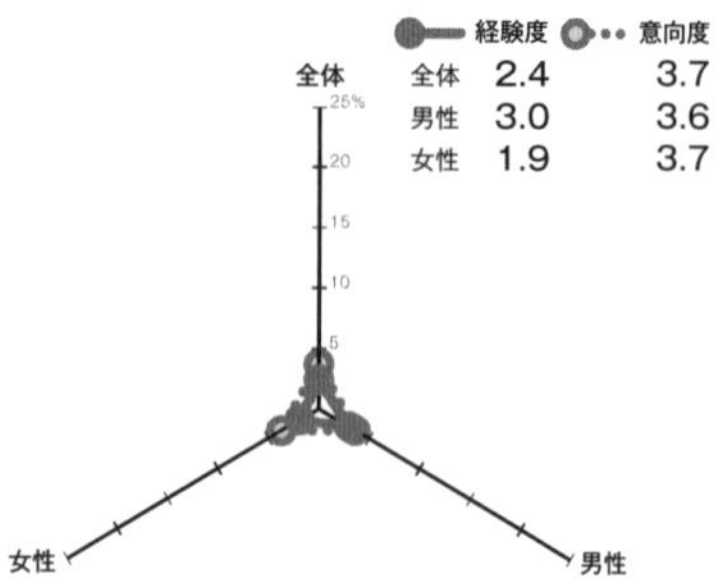

降りたことを証明するものには切符や写真があるが、スタンプは一番手軽で記念にもなる。

縁起のいい駅の切符を集める鉄旅

縁起のいい駅の切符は昔から人気で、一番ブームになったのが北海道の旧広尾線「愛国駅」から「幸福駅」間の切符である。「愛の国から幸福へ」とカップルに大人気となった。幸福駅は、今も残されていて、お土産で当日の日付を刻印した切符を販売している。合格祈願では、銚子電鉄の「本銚子駅」や紀州鉄道の「学門駅」、常磐線の「勝田駅」が人気だ。特に銚子電鉄では、各駅で上りの銚子駅行きを上り銚子（調子）として開運など赤い文字を中央に入れて販売している。他にも縁起のいい名前として、ＪＲ北海道函館本線「銭函駅」、ＪＲ東日本烏山線「大金駅」、ＪＲ九州久大本線「夜明駅」などがある。また鹿児島の「鶴丸駅」から「吉松駅」経由で「真幸駅」への切符は、鶴・松・幸となるので「幸福の鉄道乗車記念きっぷ」として販売されている

記念切符で人気が高いのが、ＳＬの記念切符や鉄道会社の周年記念切符である。「秩父鉄道車両シリーズ機関車ピンズ付乗車券」や「三陸鉄道開業25周年記念謝恩フリー　ニコニコきっぷ」などが販売されている。日付のいい２００９(平成21)年9月9日の９９９の日は西武鉄道が松本零士氏のイラスト付きで販売したが、前日から行列ができ、一瞬で売り切れた。記念切符ではないがさよなら列車

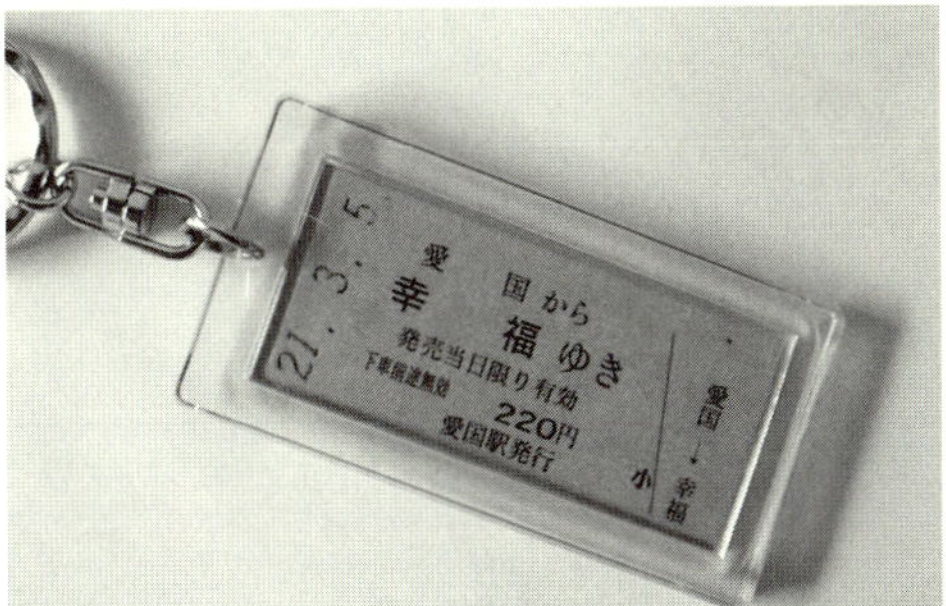

ブームになった愛国から幸福ゆきのきっぷ　旅の販促研究所撮影

では、最後の指定券などを大事にコレクションする人も多い。

自分で一番の切符を計画的に作ることもできる。その最たるものが「最長片道きっぷ」だ。2004（平成16）年にNHK―BSで俳優の関口知宏氏の「列車縦断鉄道12000㎞ 最長片道切符の旅」という番組を放映して話題となった。北海道の稚内から佐賀の肥前山口間の11158㎞を延べ42日間、運賃90820円で巡った。JR線のみで、路線を戻らず重ならず一筆書きのコースで行く鉄旅だ。

スタンプラリーは夏の風物詩、大人のスタンプも

夏の山手線の風物詩ともなっているのが「ポケモン・スタンプラリー」である。子供たちがスタンプを押せるパンフレットを持って親と山手線の各駅を周っている。スタンプは山手線を中心とした首都圏の主な95駅に置かれていて、6つのスタンプを集めるとゴール駅で賞品がもらえる。ラリーで便利なのが、都区内パスと呼ばれる1日有効の都区内フリーきっぷで、子供は360円でエリア内が乗り降り自由になる。JR北海道やJR西日本、JR九州でもポケモンのスタンプラリーが実施されている。JR四国では「アンパンマン列車スタンプラリー」を実施、駅やアンパンマン列車、レジャー施設でスタンプを集めるとアンパンマンキャラクターの賞品がもらえる。映画とタイ

新尾道駅の駅スタンプ　旅の販促研究所撮影

アップしたスタンプラリーも多く、ＪＲ西日本では２００９(平成21)年秋に土曜休日限定で「ワンピース・スタンプラリー」を大阪・京都・三ノ宮を中心に実施した。秋の関西1デイパスを使ってたくさんの家族がスタンプラリーと鉄旅を楽しんだ。

スタンプラリーのようなイベント性はないが、静かなブームなのが駅に置かれている駅スタンプである。直径８㎝程度の円形と四角形が多く。多くはスタンプ台が設置されていて使いやすい。駅スタンプの歴史は古く、１９３１(昭和６)年に福井駅で最初の駅スタンプが設置された。スタンプを押すことを目的とした国鉄のキャンペーンが１９８０(昭和55)年に始まった「わたしの旅」で、約７４０駅にわたしの旅スタンプ台が設置された。その他にも新幹線記念乗車スタンプや「トワイライトエクスプレス」や「ＳＬやまぐち号」など列車内のスタンプも、希少価値があり人気が高い。

調査対象者のコメント（性年齢・居住地）

「銚子電鉄の仲ノ町駅で上り銚子のきっぷを買ったら勝利の赤文字が印刷されていた」（男性40代・首都圏）

「和歌山電鉄の1日乗車券はかわいいのでコレクションした」（男性40代・関西圏）

「駅に置いてあるスタンプを集める。山手線などメジャーなものでも楽しい」（女性40代・首都圏）

「ポケモンのスタンプラリーで札幌市近郊の駅を巡る旅をした」（女性40代・北海道）

「スタンプラリーに参加し、非常に楽しかった」（男性20代・首都圏）

「ポケモンのスタンプラリーは夏休みの風物詩だ」（男性40代・首都圏）

6 青春18きっぷを利用する旅

全ての年代で男性よりも女性の意向度が高い鉄旅

「青春18きっぷを利用する旅」の鉄旅経験度は12・3％と高くなった。男性も女性も18～20代が多い。鉄旅意向度は18・6％でやはり高く、男性では18～20代、女性は18～20代と60代が高くなった。女性のほうが男性より意向度が高いのも特徴だ。

「青春18きっぷ」とは、1983（昭和58）年に「青春18のびのびきっぷ」から名称を変えて登場した企画乗車券で名前から若者限定の様に思えるが、年齢制限がなくJRの全線が利用できる便利なきっぷである。中高年の女性に人気が高く、ひとりや小グループで時間を気にしない旅を自由に楽しんでいる。

JRグループにはお得な切符や会員制度がたくさんある。普通に切符を買うよりはるかに安く、より多くの鉄旅を楽しむことができる。昔からあるのが、「フルムーン夫婦グリーンパス」で夫婦あわせて88才以上からJR線のグリーン車（新幹線のぞみと一部列車・

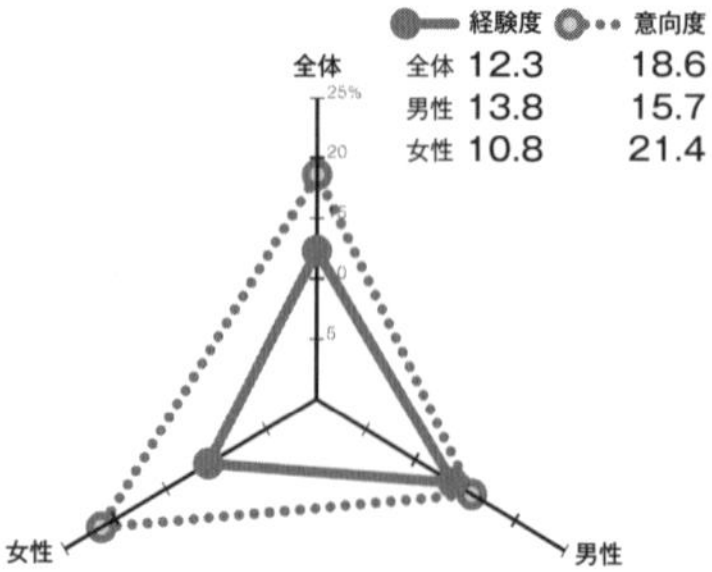

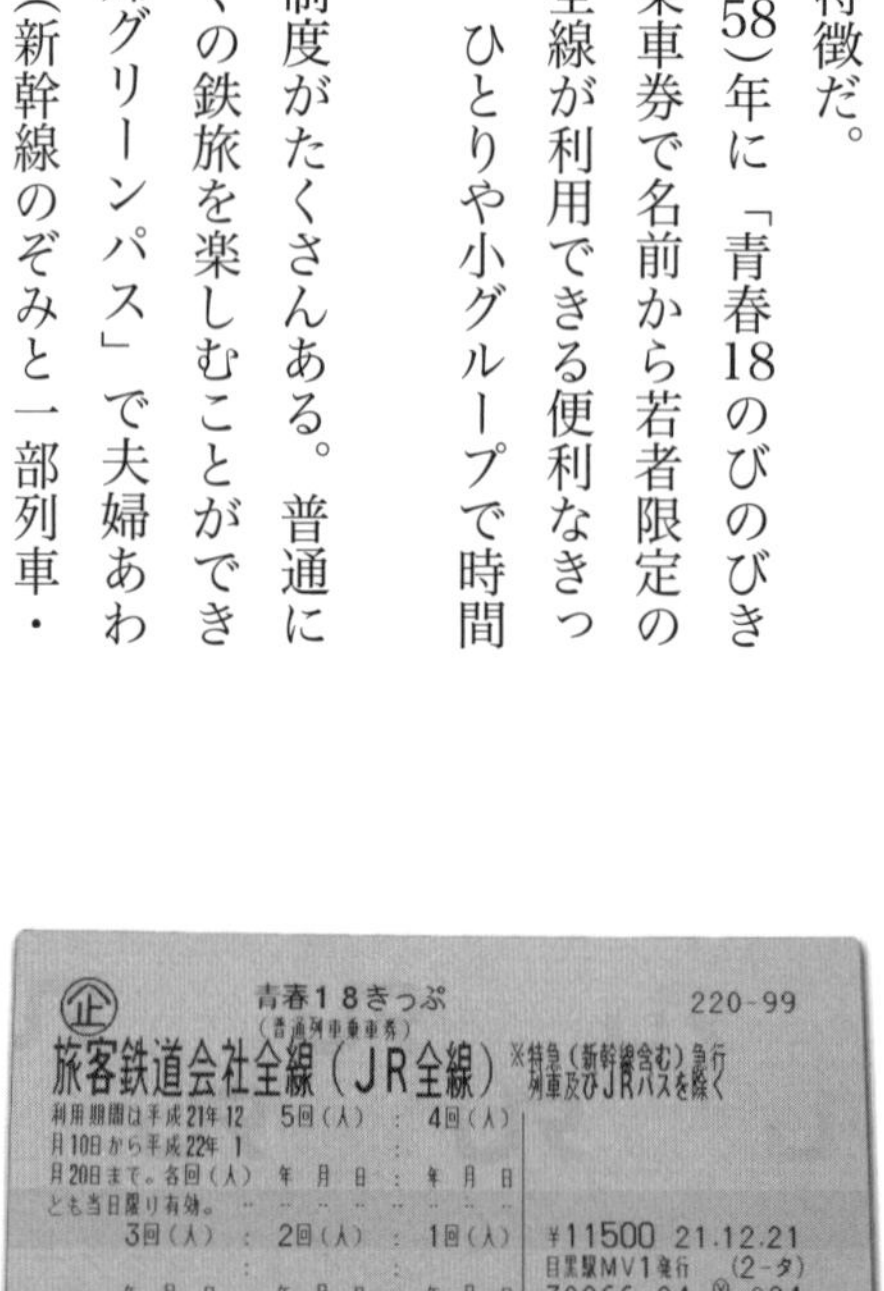

中高年にも大人気の青春18きっぷ　旅の販促研究所撮影

設備を除く）を利用できる。「ジパング倶楽部」は男性が満65才以上、女性は満60才以上から加入でき、割引価格でＪＲ線を利用できる。

青春18きっぷやフルムーン夫婦グリーンパスで全国を巡る

「青春18きっぷ」は、ＪＲ全線の快速・普通列車の普通車自由席と宮島航路が乗り降り自由になるきっぷだ。1枚で5日(回)利用でき、利用期間は決まっているものの11500円で自由に乗り降りできる。切符の有効日数は1枚1日限りで0時になると次の日になるので、深夜の移動は注意が必要になる。特急、急行、新幹線、寝台特急に乗車するときは、別途乗車券が必要になる。快速列車の指定席は乗車可能だ。グループで同一区間の利用ができるので、うまく使いきる計算をして旅行に行くとお得だ。コメントを見ると、全線制覇で利用するケースも多い。

「青春18きっぷ」でよく使われる列車が、東海道本線の東京から大垣間を結ぶ夜行快速の「ムーンライトながら」と上越線の新宿から新潟を結ぶ「ムーンライトえちご」だ。臨時列車になってしまったが、青春18きっぷの通用期間はほぼ運転されている。

1981(昭和56)年に登場したのが「フルムーン夫婦グリーンパス」である。上原謙と高峰三枝子のテレビＣＭや大型ポスターで覚えている人も多いだろう。「青春18きっぷ」が、お金はないけど旅に行きたい人を応援する切符としたら、「フルムーン」はやっと一緒に自由な時間を持てるようになった夫婦を応援する切符といえる。ＪＲ6社共通の切符として連続する5・7・12日間が利用可能で、一般用が80500円〜124400円、どちらかが70歳以上で利用できるシルバー用が75500円〜119400円である。ただし、利用制限のある列車もある。

お得な切符や会員サービスを利用しての鉄旅

ＪＲ九州では「2枚きっぷ」と「4枚きっぷ」というとても使いやすい企画切符が人気だ。多くの特急で利用できる。また、土曜休日の朝と夜限定の「限定つばめ週末2枚きっぷ」も観光にはとても便利だ。ＪＲ東日本で観光用に便利なのが、「週末日帰りパス」「土・日きっぷ」「三連休パス」だ。駅レンタカーも組み合わせるととても安く利用できる。珍しいのがＪＲ四国の「バースデイきっぷ」。誕生日の月に3日間有効でＪＲ四国や土佐くろしお鉄道などの全線が１０００円で乗り降り自由になる。お連れ様用も同額で販売される。

会員制度では、「ジパング倶楽部」が中高年に人気だ。男性は満65歳以上、女性は60歳以上で入会資格が得られ、年会費は３６７０円。夫婦ならどちらかが65歳以上なら配偶者は年齢に関係なく入会でき、ＪＲ線が2～3割引で利用できる。ＪＲ東日本が一番力を入れているのが「大人の休日倶楽部」だ。〝50歳からの旅と暮らしを応援します〟のキャッチコピーで吉永小百合のテレビＣＭを見た人も多いはず。年会費２５００円でＪＲ東日本線とＪＲ北海道線の乗車券が5％割引で利用できるほか、ＪＲ東日本全線と函館や下田、富山・金沢・福井方面へ行ける3日間乗り放題の「大人の休日倶楽部会員パス」が１２０００円で利用できる。

私鉄でも近鉄の「パルケエスパーニャ　フリーきっぷ」や「まわりゃんせ」という伊勢・鳥羽・志摩を巡る切符などお得で便利な切符が数多くある。箱根方面では「箱根フリーパス」が便利でお得だ。箱根登山鉄道や箱根登山ケーブルカー、箱根ロープウェイ、芦ノ湖の箱根海賊船、箱根登山バスなどが使えるので箱根の山をぐるりと周ることができ、うまく利用するとずいぶん得になる。

調査対象者のコメント（性年齢・居住地）

「青春18きっぷを使い小田原から長崎まで新幹線・特急を使わずに行った」（女性30代・首都圏）

「青春18きっぷで、南千住—海芝浦—奥多摩—宇都宮—日光—成田空港を1日で巡った」（男性20代・九州沖縄）

「青春18きっぷで北陸の温泉と駅弁を楽しんだ」（男性60代・首都圏）

「青春18きっぷで経済的な旅を始めて3年。こんな旅もあったんだなぁ。ローカル線、秘境駅、数々の廃止された寝台列車。全てが素晴らしい思い出です」（女性60代・北関東甲信越）

「自分の自転車を持っての旅で、基本的に各駅停車を利用。途中で降りても自由、何を食べても自由という完全にフリーの旅行ができる青春18きっぷを重宝した」（女性40代・首都圏）

「浜松駅までウナギを食べに行く目的で青春18きっぷの旅を試みた。非常に時間がかかり、しかも無泊だった。行って帰ってくるだけの旅行だったが、友人と2人ということもあり、車内で話が弾んだ」（男性20代・関西圏）

「小田原—名古屋—高山—富山—糸魚川—小谷—松本—八王子—横浜—小田原の1本経路で乗車券を買い、小田原—小田原の切符を購入した」（男性30代・首都圏）

「大人の休日倶楽部を利用して長野新幹線に乗車し、1泊して長野電鉄で小布施まで旅行をしました。長野駅を出てリンゴ畑をコトコト走る単線はアルプスの山々に囲まれて盆地そのもの。故郷の風景を思い出させる懐かしさを感じました」（女性60代・北関東甲信越）

「時間に束縛されない時にゆったりと景色を楽しみながら行く旅。〝のんびり小町〟で友人とビールなどを飲みながらの列車の移動」（女性30代・関西圏）

Column❺

歌と鉄旅

鉄道唱歌は地理教育の教材

鉄道に因む歌を考えてみるといろいろと浮かんでくるのではないだろうか。

中でも古い作品にもかかわらず、まず、浮かんでくるのは「鉄道唱歌」かもしれない。〝汽笛一声新橋を〟で始まる「鉄道唱歌」は明治時代に作られたもので、正式な題名は「地理教育鉄道唱歌」といい子ども教育のために作られた曲であった。そのため、全5集334番まであり、その膨大な歌詞の中に沿線の名産品、地理、歴史、民話などを盛り込み子供のみならず、大人の間でも大人気となり、多くの模倣作品を生み出すことになった。

唱歌としては〝今は山中〟で始まる「汽車」も有名である。鉄道に乗るひとつの楽しみ、沿線の景色が次々と変わっていく様を歌ったこの曲は1912(明治45)年に唱歌として採用されている。2007(平成19)年には文化庁と日本PTA全国協議会が行った、親子で長く歌い継いで欲しい「日本の歌百選」に選ばれた。

〝汽車汽車ぽっぽぽっぽ〟で始まる「汽車ポッポ」も童謡として耳にする歌である。元々は1938(昭和13)年に「兵隊さんの汽車」という題名で作成されたが、1945(昭和20)年12月NHK紅白歌合戦で歌われる際に歌詞がそぐわないと現在の歌詞に変更されたものである「汽車」同様、「日本の歌百選」になっている。

小学校の音楽のテキストとして使われる曲に「線路は続くよどこまでも」がある。これは、アメリカ民謡で原題は、「I've Been Working on the Railroad」といい、アメリカの大陸横断鉄道建設に携わったアイルランド系の工夫達が歌っていたものである。そのため、英語の歌詞は鉄道敷設労働の過酷さを綴ったものであり、1955(昭和30)

年には「線路の仕事」として原詩に忠実な形で紹介された。音楽の時間などで習った楽しく明るい鉄旅を歌った「線路は続くよどこまでも」は、歌詞を変更し1962(昭和37)年にNHK「みんなの歌」で紹介されてから愛唱されるようになった。

歌謡曲で歌われた鉄道

歌謡曲では、高度経済成長の時期、その世相を反映し大ヒットしたのが、1964(昭和39)年、井沢八郎の「あゝ上野駅」である。2003(平成15)年には上野駅構内に歌碑も建てられ、文字通り上野は心の駅となっている。

日本のフォークソングが全盛期だった1973(昭和48)年、チューリップが歌う「心の旅」が大ヒットした。1974(昭和49)年、かぐや姫が発表した「なごり雪」は、翌年イルカがカバーバージョンとしてヒットさせた。双方共に恋の歌であるが、歌詞の中に汽車が二人の別れを象徴するかたちで取り上げられているのが面白い。

1977(昭和52)年には、列車名が楽曲名そのものの、狩人の「あずさ2号」が大ヒットした。「あずさ2号」は下り列車の歌だが、現在の列車番号は下りが奇数、上りが偶数と定まっているため、現在の「あずさ2号」は東京方面行きの特急列車となっている。また、同年には石川さゆりの歌う「津軽海峡・冬景色」も大ヒットした。夜行列車、青森駅、連絡線と、当時鉄道を使って北海道へ行くためのメインルートを上手に表現し、歌そのものの魅力を高めている。

1985(昭和60)年松任谷由実が発表したアルバム「DA・DI・DA」には「シンデレラ・エクスプレス」という遠距離恋愛をテーマにした曲が収録されていた。この曲をモチーフに、JR東海は翌々年東京発新大阪行最終新幹線をシンデレラ・エクスプレスと銘打ちCMをはじめとして大々的なプロモーションを展開した。結果、当時の21時発の最終新幹線の発車を待つホームは、そんなカップルで溢れたという。

この他にもまだまだある。それは、鉄道の旅が普段とは異なる世界に誘うものであるからに違いない。

第6章

海外鉄旅

1 海外鉄旅の経験

海外鉄旅経験度はなんと46%

海外鉄旅については全体の46・0%と半数近くが経験しており、たいへん高いポイントになっている。男性、女性ともに年齢が上がるに連れて経験度は高くなる傾向があり、男性の50代は52・9%、60代は62・9%、女性60代は58・3%と過半数を超えている。そのひとつの理由として、年齢が高くなる程、海外旅行経験が増えるため、現地の移動手段として鉄道を使う機会が増えるためで、もうひとつの理由は、実際に現地で鉄道に乗車することを目的とした海外旅行も経験していることだろう。

　海外鉄旅についてのコメントを見てみると、年代ごとで印象に残った海外の鉄旅の内容に差異はそれほどない。強いて挙げると高い年代ほど、中国での鉄道旅行の経験談が増えているということ

図表① 海外鉄旅経験　(%)

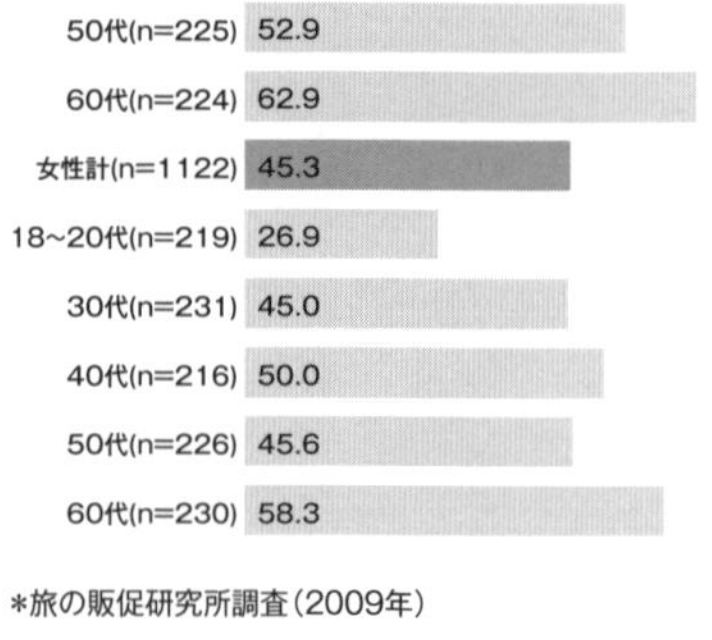

*旅の販促研究所調査(2009年)

TGV　旅の販促研究所撮影

だろう。国名や地域名を見ると、スイス、フランス、イタリア、ドイツといったヨーロッパや中国、台湾といったものが多く、都市間で鉄道を利用することがほとんどないアメリカはあまり見られない。以下、各地域の海外鉄旅経験の傾向についてまとめてみたい。

海外鉄旅の宝庫、ヨーロッパの鉄道の旅

欧州連合（ＥＵ）に27カ国が加盟し、共通の通貨ユーロが使われるヨーロッパは、域内の人と物が自由に移動できる。こうした人流や物流を支えるためにヨーロッパは鉄道網が発達している。米国に匹敵する面積があるが、米国のように航空機や自動車へ移動・輸送手段が徹底的にシフトしなかった。理由としては元々それぞれが通貨も異なる独立国同士であり、通関が問題であったこともあるが、主要都市を結ぶ鉄道網があり、それが高速鉄道として整備されたことも大きな理由である。

高速鉄道の先陣を切ったのは、１９８１年にフランス国鉄で時速２６０㎞の営業運転が開始されたＴＧＶである。このＴＧＶを皮切りに、ドーバー海峡下の海底トンネル（ユーロトンネル）を利用する英国―フランスを結ぶユーロスター、フランス、ベルギー、オランダ、ドイツを結ぶタリス、ドイツが開発したＩＣＥ、イタリアのペンドリーノなど次々と高速鉄道網が整備されている。一方、ＥＵには属していないがＥＵ諸国に囲まれるスイスは観光が主要産業であり、登山鉄道などが人気を博している。

自由回答を見ると年齢層での差異がなく、全ての人々に受け入れられているのがヨーロッパの鉄道であろう。また、ユーレイルパスなど外国人向けに優遇されている乗車制度を利用したものも多い。

調査対象者のコメント（性年齢・居住地）

「ロンドン―パリ間をユーロスターで旅行した。鉄道で国を跨いで旅行したのは初めてだったので感動した」（男性30代・北海道東北）

「フランスＴＧＶに乗って地元の人と交流した。とてもフランクでした」（女性50代・中国四国）

「ユーレイルパスを使って、ヨーロッパを主に夜行列車で周ったことが思い出に残っている」（女性20代・首都圏）

「スイスの登山鉄道、車窓からのパノラマの景色が素晴らしかった」（女性50代・首都圏）

近代化が進む中国の鉄道とアジアの新幹線、オーストラリア・カナダの雄大な鉄旅

中国において鉄道は八縦八横と呼ばれ、総延長約８０００㎞とロシア、米国に次ぐ長さである。未だに新線の建設は進められており、２０１０年には総延長で９００００㎞超を目標としている。高速化も進んでおり、時速２５０㎞で走行できる区間は１０００㎞以上もあり、また、上海には最高時速４３０㎞で走る上海トランスピッドと呼ばれる磁気浮上式リニアモーターカーが空港へのアクセスとして開業している。近代化、未来化が進むものの昔も同居しているのが中国の鉄道である。コメントを読むとそうした様々な中国の鉄旅の雰囲気が伝わってくる。

アジアでは、韓国のＫＴＸと台湾の新幹線のコメントが多く挙げられた。韓国のＫＴＸはフランスのＴＧＶの技術を元に、また、台湾の新幹線車両は日本の新幹線７００系がベースとなっている。両方とも高速鉄道に乗車した際のコメントが日本の新幹線に比較するかたちで語られている。

それ以外の地域でコメントが多かったものは、オーストラリアのキュランダ鉄道とカナダＶＩＡ

鉄道である。双方ともに沿線に展開する日本では見ることのできない雄大な景色が特徴だ。

調査対象者のコメント（性年齢・居住地）

「中国の杭州から上海まで特急列車に乗った。様々な乗客の様子を見ていると愉快であった」（男性50代・首都圏）

「中国の成都から昆明まで。山岳鉄道でトンネルが多かったが、山の景色はすばらしかった」（女性50代・首都圏）

「中国の大連から瀋陽まで列車で旅をしました。速度は遅いけれど、初めて見る景色なので、とても楽しめた旅行でした」（女性30代・東海北陸）

「中国上海のリニアモーターカー。すごいスピードで、車内にスピード表示があり体感できた」（女性50代・関西圏）

「韓国のKTXの特室で釜山からソウルまで2時間半の旅をした。車窓に流れる風景が韓国らしいなと感じた」（女性20代・関西圏）

「新幹線に乗りに台湾へ行った。普通の新幹線で、ある意味がっかりした」（男性30代・関西圏）

「オーストラリアのキュランダ鉄道。滝のそばを通った時は感動した。駅の雰囲気も良かった」（男性30代・首都圏）

「カナダのVIA鉄道。バンクーバーからジャスパーの車窓越しにカナダの大自然を見ながらの素敵な旅だった」（女性40代・東海北陸）

2 海外鉄旅の意向

海外鉄旅の意向は89％と非常に高い

海外で今後、鉄道の旅をしたいかという質問に対して、全体では「ぜひ行きたい」が22・7％、「機会があれば行きたい」が65・9％、トータルでの意向度は88・6％と非常に高い結果となった。

特に18～20代男性では、「ぜひ行きたい」が約3割と多く見られる。しかしながら、18～20代男性は「海外での鉄道の旅には全く関心がない」も15・9％おり、男性の年代別では最も多くなっている。極端ではないが、二極化した傾向が見てとれる。男性の年齢層ごとの傾向は「ぜひ行きたい」という層が年代を経るにつれて少しずつ減少しているように見えるが、「機会があれば行きたい」を入れた意向度全体で見ると、大きな傾向の差は見られない。

女性は、60代を除いた全ての年代で「ぜひ行きたい」が20％前後であり、特に女性が鉄道の旅に興味を持っていないということはいえない。しかし、「海外での鉄道の旅には全く関心がない」のは女性でも18～20代で、18・7％と多くなっている。

次に海外鉄旅意向に関して、地域ごとのコメントの特徴を拾い、どんな海外鉄旅に興味があるのかをまとめてみたい。

3つの意向に集約されるヨーロッパの鉄旅

海外鉄旅の意向に関するコメントを地域で見てみると、一番多いのは鉄道の宝庫ヨーロッパとなっている。鉄旅経験においてもヨーロッパに関するコメントは多かったが、意向に関するコメントはそれ以上に、ヨーロッパに偏っているようにも思える。また、鉄旅経験に関するコメントでは、TGVやユーロスターといった高速鉄道に触れたものと鉄道王国スイスの登山鉄道や氷河特急のものがほとんどであった。

ヨーロッパの鉄旅意向に関しては、TGVやユーロスターといった高速鉄道に触れたものも多くあるが、それ以上にスイスの登山鉄道に触れたものが多い。また、それらにプラスして、憧れのオリエント急行のコメントが多い。

コメントについては、高速鉄道、スイスの鉄道、オリエント急行の3つに集約されるのが特徴となっている。コメントについての世代間の相違といったものもさほどなく、全ての層で欧州の鉄道旅行は憧れの的になっているようである。

調査対象者のコメント（性年齢・居住地）

「ユーロスターに乗って英仏海峡を渡ってみたい。TGVにも乗って、最速のスピードを体験してみたい」（男性20代・首都圏）

ベネチア駅郊外のオリエント急行　旅の販促研究所撮影

「ヨーロッパの高速鉄道に乗ってみたい」（女性50代・東海北陸）

「アルプスを登る列車」（女性30代・東海北陸）

「スイスアルプスの登山鉄道や氷河急行に乗って自然を楽しみたい」（女性30代・九州沖縄）

「オリエント急行はノスタルジックなイメージがあり、内装もアールデコっぽいので乗ってみたい」（女性40代・首都圏）

「オリエント急行でベニスへ行ってみたい。優雅なオリエント急行の旅は憧れです」（女性50代・首都圏）

意外に男性の意向が強いシベリア鉄道

次にコメントが多いのは、意外であるがロシア国内を東西に横断するシベリア鉄道についてである。シベリア鉄道とは、一般的に全長9000㎞以上にも及ぶモスクワ―ウラジオストク間を結ぶ鉄道を指す。

図表② 今後の海外鉄旅意向

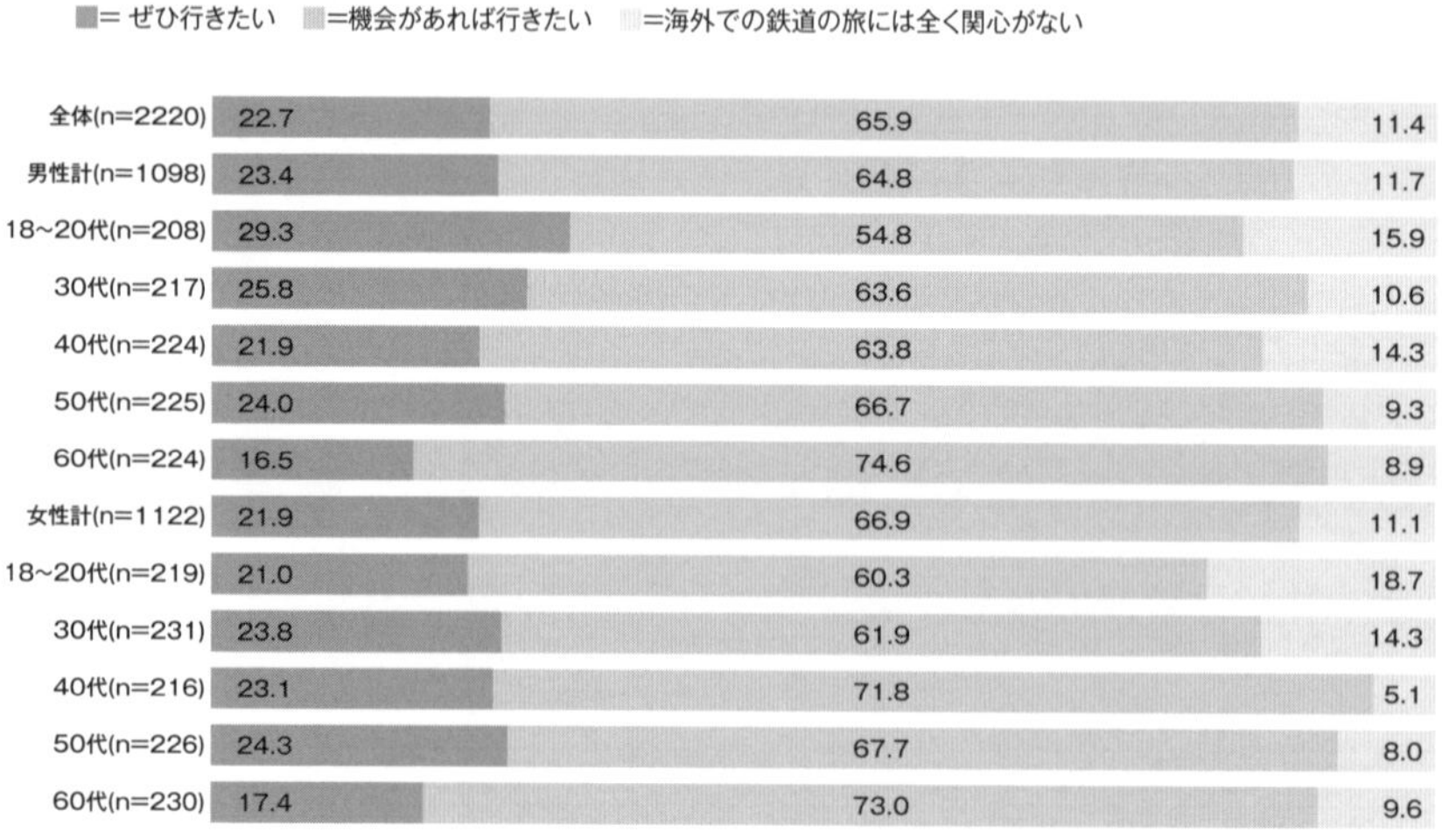

＊旅の販促研究所調査（2009年）

鉄旅経験のコメントではほとんど見られなかったシベリア鉄道であるが、意向においては、その長距離を走るという最大の特徴が、男性の心を大きく捉えているようだ。特に、18～20代のコメントが多い。高速鉄道の旅は是非体験したい鉄旅だが、一方で、のんびりと長距離鉄道の旅を味わうことも鉄旅の魅力である。ＮＨＫ－ＢＳで放送された「関口知宏の中国鉄道大紀行」で中国最長片道ルートの鉄道の旅など、のんびりと行く鉄旅が紹介されたが、そのような番組の影響もあるのかもしれない。

調査対象者のコメント（性年齢・居住地）

「シベリア鉄道を利用し、長距離移動してみたい」（男性20代・首都圏）
「シベリア鉄道に乗りたい。距離があるから楽しそう」（男性20代・関西圏）
「シベリア鉄道、何日も列車に乗って広大な自然を満喫したい」（男性20代・関西圏）
「シベリア鉄道は、雄大な大地にどこまでもまっすぐな線路が続いているところがすごい」（男性40代・関西圏）
「世界一長距離鉄道といわれるシベリア鉄道でアジアからヨーロッパへの旅をしたい。生きている間に一度でいいから経験してみたい」（男性60代・首都圏）
「シベリア鉄道に乗ってユーラシア大陸を横断してみたい」（女性50代・首都圏）

憧れのオーストラリアとカナダの大陸横断

シベリア鉄道の次に多かったのがオーストラリアの鉄道である。そのほとんどが、男性による大陸横断もしくは大陸縦断の旅のコメントで、鉄旅経験で多く挙げられたキュランダ鉄道に関してのコメントが少なく、シドニー―パース間で大陸横断するインディアンパシフィック、アデレード―ダーウィン間で大陸縦断するザ・ガンなどの名称が挙げられている。シベリア鉄道に似た雰囲気が感じられるコメントも多い。

その次に多かったのは、カナダの鉄道である。これは、カナダの鉄旅経験と同じように雄大な大自然に関するもので、男女別、年代別の差はあまり見られない。大陸横断にも触れてはいるが、どちらかというとのんびりしたいということではなく、大自然を満喫したいという思いの方が勝っているようだ。

調査対象者のコメント（性年齢・居住地）

「オーストラリアの大陸横断列車で景色を楽しむ旅がしたい」（男性40代・関西圏）
「オーストラリアのダーウィンからアデレードまでガンに乗って旅してみたい。途中エアーズロックにも寄ってみたい」（男性50代・中国四国）
「オーストラリア縦断の旅が気になります。また、横断の旅もよいかなと思います」（男性60代・首都圏）
「カナダのプリンスエドワード島を鉄道で一周してみたい」（男性30代・九州沖縄）
「紅葉の頃、カナダを横断するような旅行をしてみたい」（女性40代・首都圏）

中国チベット鉄道や米国アムトラックも

カナダの次に多いのは中国であるが、鉄旅経験のコメントとは少し異なるようである。多くは西寧―ラサ間を結ぶ、メディアでチベット鉄道と紹介される青蔵鉄道についてのものである。２００６年に全通した青蔵鉄道は、海抜５０７２ｍの最高地点を通る、正に世界の屋根を走る鉄道であり、高山病対策のため与圧できる客車が導入され、医師と看護婦が同乗する、高度表示計があるなど特色を持った列車となっている。コメントを寄せているのは男性、女性ともに40代以上が多いようである。

鉄旅経験ではあまり見られなかったアメリカの鉄道に関してのコメントも、意向としては中国と同じくらい挙がった。その他に目立つのは台湾やインドである。

調査対象者のコメント（性年齢・居住地）

「チベットに行く、世界一高い場所を通る鉄道の旅」（女性40代・中国四国）

「中国ラサに向かう列車、天山山脈を見ながら」（男性40代・中国四国）

「アメリカ国内をアムトラックで移動してみたい」（女性30代・東海北陸）

「アムトラックで米国横断旅行をしてみたい」（男性60代・首都圏）

「台湾新幹線に乗ってみたい」（男性30代・首都圏）

「インドの豪華列車で旅をしてみたい」（女性60代・東海北陸）

青蔵鉄道　旅の販促研究所撮影

3 海外の鉄旅事情

もっとも身近なアジアの鉄旅

海外にも多くの有名な鉄道が存在する。そんな海外の鉄道について、日本人のパッケージツアーで利用することの多い、話題の高速鉄道を中心に地域ごとに紹介してみたい。

まず、お隣の韓国にはＫＴＸと呼ばれる韓国鉄道公社が運営する高速鉄道がある。２００４年に開業したもので、基本的な技術はフランスのＴＧＶのものを導入し、営業最高時速３００㎞でソウル―釜山間などを結んでいる。韓国へは多くの日本人旅行者が訪れていることもあり、旅行会社が主催するソウル、慶州、釜山などを周遊するパッケージツアーにはＫＴＸを組み込んだものが多くある。最も身近に存在している海外の鉄旅といえる。

台湾には２００７年に開業した高速鉄道がある。車両は日本の技術を導入しており、新幹線７００系の改良型を使用しているので、カラーリングこそ異なるものの姿形は日本の新幹線そのものである。高速鉄道の全てが日本の技術というわけではなく、列車無線はフランス製、線路の分岐器はドイツ製と日欧混合のものとなっている。台北市から高雄市までの約３５０㎞を最速90分強で結んでいる。こちらも台北、台中、高雄を周遊する移動手段として、台湾高速鉄道を組み込んだパッケージツアーは数多くある。また、台湾には高速鉄道ではないが、世界三大登山鉄道ともいわれる阿里山森林鉄道があり、ひところ、この登山鉄道に乗ることを目的としたツアーがあったが、2003年の脱線事故の影響か、最近は数少なくなってきているようである。

国土の広い中国は鉄道大国であり、鉄道の高速化も急ピッチで進められており、既に1000㎞弱の路線で最高時速250㎞の列車が運行されている。中国の高速鉄道は中国鉄路高速と呼ばれ、様々な形式の車両が運行されている。旅行会社が設定するツアーとしては北京から天津、上海から蘇州、杭州といったところへいく日帰りのオプショナルツアーが多い。中国で現在最も日本人に人気がある鉄道は標高5000m以上の世界一高所、青海省西寧―ラサ間を行く青蔵鉄道であろう。青海チベット鉄道とも呼ばれ2006年に全通した。多くの旅行会社がこの青海チベット鉄道を利用してラサへ行くツアーを企画している。

その他アジアには高速鉄道はないが、知名度のあるものにはマレー半島を縦断するマレー鉄道がある。このマレー鉄道に乗車するパッケージツアーも数多い。

高速鉄道の宝庫ヨーロッパ

海外の鉄道で、最も高速鉄道網が発達しているのはヨーロッパである。フランス、ドイツ、英国、スペインなど多くの国で高速鉄道があるが、最初に営業運転を開始したのはフランス国鉄のTGVである。TGVはフランス語のTrain à Grande

イースタンオリエンタル鉄道シンガポール　旅の販促研究所撮影

Vitesseの略で文字通り高速鉄道を意味する。1981年にパリ—リヨン間で開業し、現在のネットワークはフランスだけに留まらず、ベルギー、スイス、イタリアなどを含め150以上の都市を結んでいる。

フランスと英国を結ぶ国際高速列車がユーロスターである。英仏（ドーバー）海峡を横断するユーロトンネルが開通した1994年から運行している。同じユーロスターという名称の列車はイタリアにも存在する。ペンドリーノという名称であったのがユーロスターイタリアに変更されたのは1996年である。

フランスと並ぶ高速鉄道大国はドイツであろう。ドイツにはICE（Inter City Express）と呼ばれる高速鉄道がある。ドイツ国内だけでなくアムステルダム、ブリュッセル、パリなどにも乗り入れている。ベルギーに本社を置くタリスインターナショナル社が、フランス、ベルギー、オランダ、ドイツを結び運行しているのが、TGVを改良した車両を使うタリス（Thalys）である。スペインにもAVE（Alta Velocidad Española）という高速鉄道がある。それぞれヨーロッパの都市を巡るパッケージツアーの移動手段として使われている。

ヨーロッパで車窓を満喫するならスイスの鉄旅

高速鉄道ではないが、ヨーロッパで外せないのはスイスの鉄道旅行だろう。スイスは一種の鉄道王国であり、路線網もきめ細かく、10マイル歩けば鉄道駅にあたる、といわれる。また、保存鉄道を除けば電化率も100％であるという。国土の多くが山岳地帯であり、観光業はメインの産業のため、日本でも有名なユングフラウ鉄道をはじめ、数多くの登山鉄道がある。

また、車窓からスイスアルプスなど美しい大自然を楽しめる「氷河特急」「ベルニナ急行」などの観光列車も有名である。特に「氷河特急」を組み込んだパッケージツアーは多く、たいへんな人気を博している。

オーストラリアやカナダ、ペルーで雄大な景色を楽しむ鉄旅

その他、海外の鉄旅で有名なのは、オーストラリアのキュランダ高原列車、ペルーのマチュピチュへクスコから行く鉄道、カナダのＶＩＡ鉄道などだろう。前者の２つは密接に世界遺産と結びついているのが興味深い。しかし、その内容は正反対でケアンズ―キュランダ間の高原列車の所要時間は2時間弱で車窓を楽しむ観光鉄道であるのに対して、ペルーの鉄道は、世界遺産のマチュピチュへ車ではいけないため、唯一の移動手段として利用されているものである。カナダのＶＩＡ鉄道は車窓を満喫できる移動手段として、多くのパッケージツアーに利用されている。

世界には様々な鉄道が存在している。海外旅行をより深く楽しむためのアクセントや魅力付けの素材として、鉄道には大きな価値があると考えられる。

ペルー鉄道　旅の販促研究所撮影

Column❻

映画と鉄旅

欧州の鉄道を舞台とした映画はメロドラマとサスペンスが中心

邦画、洋画を問わず、古今東西いろいろな映画で鉄道や鉄道での旅が様々なシチュエーションで登場している。そんな映画と鉄道について触れてみたい。

古典では、1938(昭和13)年公開のヒッチコックが監督した「バルカン超特急」というサスペンスがある。原題は「The Lady Vanishes」で邦題とは全く異なり鉄道には触れていない。1953(昭和28)年公開の「終着駅」は、イタリアの巨匠デ・シーカが監督した。原題は「Stazione Termini(伊語)・Terminal Station(英語)」といい、ローマ・テルミニ駅を舞台とした恋愛映画である。終着駅という表現は、この邦題が広めた言葉である。イタリア映画では1956(昭和31)年公開の「鉄道員」という鉄道機関士を描いた映画もあった。ピエトロ・ジェルミが監督した映画で、ホームの別れのシーンがとても印象的なものだった。1970(昭和45)年公開の「ひまわり」は第2次世界大戦により、引き裂かれた恋人同士の駅での別れが悲しかった。

列車そのものを舞台としているのが、1974(昭和49)年公開のアガサ・クリスティ原作の「オリエント急行殺人事件」。イスタンブールを出発したオリエント急行がバルカン半島で雪の中、立ち往生している間に殺人事件が起こるという一種の密室殺人事件である。豪華キャストで話題になり、シドニー・ルメット監督の小気味良いテンポの演出もあり、大ヒットとなった。1976(昭和51)年に公開され、やはり豪華キャストで話題になったのがパニック映画「カサンドラ・クロス」。ジュネーブからストックホルム行きの国際列車が舞台となっている。映画のラストに近い列車爆破シーンは衝撃的だった。
一方、アメリカが舞台となる映画では鉄道を大きく取り上げている映画は少ないように思える。鉄道が取り上げられるのは、西部劇であれば「明日に向って撃て！」に代表されるような列車強盗のシーンや、アクション映画であれば「サブウェイ・パニック」に代表される地下鉄など都市内鉄道におけるシーンなどである。

渥美清主演のコメディもあった日本の鉄道映画

日本映画では１９５１(昭和26)年、日本初のカラー作品となった高峰秀子主演の「カルメン故郷に帰る」は鉄道の映画ということではないが、今は存在しない草軽電鉄が紹介されている。草津―軽井沢間を結ぶ草軽電鉄はモータリゼーションや台風被害により１９６２(昭和37)年全線廃止となったが、この映画にはその貴重な姿が収められている。

国民栄誉賞受賞者、渥美清が主演した映画で、１９６７(昭和42)年公開の「喜劇急行列車」や「喜劇団体列車」、翌年公開の「喜劇初詣列車」の列車シリーズがある。これは、主人公渥美清が国鉄の特急の専務車掌などに扮した「フーテンの寅さん」に通じる人情喜劇であった。サスペンス映画では、犯人との身代金受け渡しの舞台に使われた特急こだま号を使った黒澤明監督の１９６３(昭和38)年公開「天国と地獄」、新幹線の乗客を人質にする１９７５(昭和50)年公開の高倉健主演のパニック特撮映画「新幹線大爆破」などがある。

近年では、浅田次郎氏原作のふたつの映画が公開されている。ひとつは１９９９(平成11)年公開の「鉄道員《ぽっぽや》」、もうひとつは、２００６(平成18)年「地下鉄《メトロ》に乗って」である。両作品共に奇跡の出来事をモチーフとした心温まる作品で、ＪＲ北海道、東京地下鉄の協力のもと制作された。

この他にも洋画、邦画を問わず、鉄道を舞台とした映画は数多くある。また、駅舎、走行する列車内や線路がひとつのシーンということであれば、その数は膨大である。変化の情景として日常にはない独特の雰囲気を醸し出すのが、映画の中の鉄道であるかもしれない。

第7章

鉄旅の展望

1 鉄旅・車旅・空旅・船旅

鉄旅――車窓は魅力、くつろげる旅

鉄旅については、前章までに様々な角度から検証してきた。

日本の鉄旅の第一の特徴はダイヤどおりに正確に運行されるため時間が読めるということであろう。また、新幹線を中心とした高速鉄道網は充実しており利便性はとても高い。新幹線がない地域においても、地方中核都市を結ぶ特急網は充実している。ローカル線は不便なところも多いが、車窓の景色とくつろげる空間は他の交通手段にはないものといえよう。

ローカル線だけでなく、鉄道で移動する際の楽しみは、まず、車窓を眺めることだろう。四季の移り変わりを持つ自然や地域の人々の暮らしを車窓から眺めることができることは鉄旅の最大の魅力である。また、ゆっくりと駅弁を食べたり、飲み物を飲みながら気ままに過ごすことも可能である。車窓に飽きれば、旅の友とおしゃべりする、読書する、携帯プレーヤーで音楽を聴くなど、自由にくつろげるのも鉄旅ならではの過し方であろう。

但し、鉄道でダイレクトに行くことのできる観光地、観光スポットは少ないため、最終目的地ではどうしても、駅からのバスやタクシーといった二次交通手段が必要となる。

車旅①——マイカー・レンタカーの自由な旅

車旅、特にマイカーの旅は最も気軽に行ける旅といえる。自動車があれば、予約や切符などの購入は必要なく、いつでも出発できる。道さえあれば、どんな辺鄙なところへ行くことも可能である。マイカーの車旅は、現在最も多くの人々が行っている旅行である。その利点は目的地にダイレクトに行けること、コースや観光地を自由に選択することができること、荷物を持って歩くことがないこと、家族や友だち数人で同乗すれば経済的な負担が少なくてすむこと、小さな子供や高齢者と一緒のときは安心であること、ペット同伴のときに気を遣わなくてすむこと、などだろう。たしかに他の交通手段にない気軽さと、自由度がある。

日本の高速道路網も拡充し、一般道路の整備も進んでいる。高速道路料金の値下げ、無料化はマイカー旅行には嬉しい。カーナビの普及、サービスエリアや道の駅などの充実もマイカー旅行を快適にしている。しかし、誰かしらドライバーとなる必要があり、ドライバーには大きな負担となる。ドライバーがひとりだと1日の走行距離は最大でも300㎞程度で、出発地から行ける範囲は限定されることになる。所要時間が正確に読めないのが自動車の旅の不便なところである。ゴールデンウィークや年末年始、観光シーズンの渋滞は、季節を代表するニュースとして毎年取り上げられる。車旅の最大の敵だろう。

車旅にはマイカー以外にも種類がある。レンタカー、観光バス、長距離バスなどだ。遠距離や離島への旅の場合、鉄道や航空機で目的地の近くまで行き、現地で自由度の高いレンタカーを借りることが多くなっている。つまり、二次交通としてのレンタカー利用である。観光地域間、観光地域内をマイカー同様に移動する手段で、今後も伸びていく交通手段といえよう。旅行シーズンの北海道や九州、沖縄では〝わ〟ナンバーを見ることが多い。

車旅②――様々なバス旅行

貸切観光バスは団体旅行でよく使われる。やはり、目的観光地にはアクセスしやすいので団体が同一で行動するには都合がよい。何よりも、ガイドによる沿道や観光地の解説は旅の好奇心を満たしてくれる。しかし、旅行が個人化し大規模な職場旅行などが少なくなった現在、以前ほど貸切観光バスを目にしなくなってきた。

観光バスによる日帰りや1泊程度の、廉価なパッケージツアーが中高年層に人気を博しており、リピーターが多い。大手旅行会社はもちろん、中小旅行会社も数多く企画し、新聞広告やダイレクトメールで集客している。添乗員も付き、効率的に観光地巡りをすることができる。

目的地に着いてからの二次交通としてのバス旅行がある。東京のはとバスや京都定期観光バスなどは人気がある。どの観光地にも定期観光バスがあり、最近はボンネットバスやレトロバスなど工夫を凝らし、観光客を楽しませている。主要スポットを短時間で巡ることができ、現地に精通しているガイドからの解説は定期観光バスならではのものだ。最近は、主要スポットを巡回する、乗り降り自由な観光ルートバスが各観光地で運行され、利用者を増やしている。

近年、人気になりその路線網を拡大しているのが長距離バスである。目的都市までのアクセスとして廉価なこともあり、特に夜行長距離バスは一種のブームとなっている。今までは、居住性が劣るのが難点といわれていたが、リクライニングシート、フットレスト、レッグレスト、ブラインドカバーなどデラックスなシートを装備し、疲れにくい空間を提供するなどの工夫を凝らし、利用者層を拡大している。

空旅――搭乗時間が短いのが魅力

概ね500～600km以上の長距離を移動する旅には航空機を利用することが多い。理由は鉄道で移動するより時間がかからないということである。500kmというと東京―大阪間がほぼその距離である。この区間については、新幹線と航空機がしのぎを削っている。もちろん、500kmの区間だけの所要時間であれば、航空機の方がはるかに短い。しかし、航空機を利用するためには空港へ行き、搭乗手続きをする必要がある。以前に比べれば、空港へのアクセスは便利になり、搭乗手続きも簡素化されてきているが、空港は都市の中心部から一定の距離があるので、空港アクセスの時間を考慮すると、東京―大阪間の所要時間は鉄道、航空機はほとんど同じぐらいになる。しかし、本州とつながっていない沖縄やその他の離島に行く場合には、航空機利用を選ぶことになる。この場合は船旅との比較になることもある。また、東京起点では北海道、九州、四国も時間的なことを考えると航空機の優位性はあるといえよう。

しかし、航空機の空間は鉄道に比べると随分と手狭で窮屈である。しかも、鉄道の車窓のような移り変わる景色はない。もちろん、時折見られる眼下の富士山や海岸線、島々の姿などは感動するほど美しい。機内では飲み物サービスがあり、機内誌やイヤホンを利用する音楽プログラムなどが充実しているのが航空機の特徴だろう。目的地の空港に到着してからは、バスやレンタカーなど現地の二次交通手段を利用して、観光を楽しむことになる。

船旅――大海原を満喫する旅

日本は島国であり、北海道や九州、沖縄へ行くフェリーがその移動手段として考えられる。船は速度が遅いので所要時間がかかり、船酔いの心配があり苦手な人もいそうだが、長距離を移動するフェリーの船内は一種の宿泊施設といえ、等級により差はあるものの居住性は決して悪くなく、パブリックスペースも含めると意外と快適な旅ができる。レストランがあり、浴場もあり、劇場があるものもある。単調ではあるが大海原を飽きることなく堪能でき、デッキで過ごす船旅は最高の贅沢でもある。航空機同様、最寄りの港まで行くことが必要であり、目的地では二次交通手段を利用しなければならない。しかし、フェリーなので、マイカーを航送することも可能である。

近年注目されているのは、豪華クルーズ船である。現在、日本には「飛鳥Ⅱ」（郵船クルーズ）、「にっぽん丸」（商船三井客船）、「ぱしふぃっく　びぃなす」（日本クルーズ客船）、「ふじ丸」（日本チャータークルーズ）があり、いずれも世界一周など外洋をクルーズをする豪華クルーズ客船だが、日本国内を巡る船旅も催行している。1泊から1週間程度の期間で、手頃な旅費で豪華クルーズを楽しむことができ、人気が上昇している。

その他に、離島を結ぶフェリー、高速艇、連絡船など島国の日本では様々な所で、船が活躍している。佐渡島へのジェットフォイルや伊豆大島への超高速ジェット船など、観光旅行になくてはならない足であり、移動の楽しみでもある。また、湾内や海岸の景勝地を巡る観光船もある。

海だけでなく、川の船旅もある。日本では川の船旅は移動手段で使われることはほとんどなく、それ自体が観光資源になっている場合が多い。芭蕉ライン船下り（最上川）、隅田川ライン下り（隅田川）、天竜ライン下り（天竜川）、柳川市掘割川下り（矢部川）などだ。川から見る移り変わる景色は四季を肌で感じることができる。また、湖の観光船も各地にあり観光客を楽しませている。

比較してみる

鉄旅、車旅、空旅、船旅にはそれぞれ特徴があり、多くの人々は旅行の目的地、時期、期間、同行者などにより上手に使い分けているようである。図表①は極めて独断的に、それぞれの特徴をそのイメージで整理したものである。ちょっと違うのではないかという意見も出そうであるが、ご寛容いただき参考にしていただければと考えている。

図表① 鉄旅・車旅・空旅・船旅の比較

	鉄旅	車旅（マイカー）	車旅（バス）	空旅	船旅
移動時間	○	△	△	◎	×
移動距離	○	×	△	◎	◎
経済性	○	◎	◎	△	○
定時性	◎	×	△	○	○
安全性	◎	△	○	○	◎
居住性	○	△	×	×	○
自由度	△	◎	×	×	×
疲労度	○	×	△	○	○
環境配慮	◎	×	×	×	△
車窓・景観	◎	○	○	△	◎
ガイド	×	×	○	×	△
飲食	◎	△	△	△	◎
娯楽	×	×	×	△	○
会話・ふれあい	◎	○	△	×	◎
一人旅	◎	○	◎	◎	○
家族旅行	○	◎	△	△	○
子連れ旅行	△	◎	△	△	△
熟年旅行	◎	△	○	△	○
グループ旅行	○	○	○	△	△
ペット同伴旅行	△	◎	×	×	△
ビジネス旅行	◎	×	×	◎	×

旅の販促研究所メンバーによる（2009年）

2 鉄旅と旅行会社

鉄道を使った団体旅行

鉄道と旅の歴史で触れたように、旅行会社の発祥は鉄道を利用した旅を主催することから始まった。ここでは鉄旅と旅行会社について、四半世紀程度の歴史と旅行形態から振り返り、今後の鉄旅に旅行会社がどのようにかかわっていくのかをまとめてみたい。

鉄道を利用する団体旅行で旅行会社の取り扱いが最も多いのは、修学旅行だろう。これは四半世紀変わっていないと思われる。東京近辺の中学校であれば、東海道新幹線を利用し、京都、奈良方面へ2泊3日の行程というのが定番となっている。学校行事だとはいえ、友人たちと一緒に行く初めての場所への旅行は大イベントである。とくに、鉄道に興味を持つ者にとっては、車中はエンターテイメントそのものであり、その鉄道も旅の記憶として残ることだろう。

次に、鉄道を利用した募集型企画旅行がある。以前は主催旅行と称した旅行会社が企画するもので、通常、宿泊施設もセットした、いわゆるパッケージツアーである。団体旅行が主流だった頃は、参加者全員が基本的に同一行動をとり、添乗員が引率するのが一般的であった。その頃は周遊観光が多く、目的地域まで鉄道を使い、現地の二次交通として貸切観光バスを利用するものであった。例えば、東京発の佐渡島周遊コースであれば、東京―新潟間で新幹線を利用し、現地ではバス、フエリーを使い佐渡島へ渡り、島の周遊観光には貸切観光バスを使うといったもので、参加者全員が同一行動となった。現在でも、新聞などメディアを使った募集旅行には、全員が同一行動というパターンが多い。

個人型の鉄道旅行は自由度が高い

しかし、旅行の個人化、少人数化が進展した現在の募集型企画旅行は、鉄道を使うといっても、往復の鉄道の時間、現地の宿泊施設をパンフレットに記載されたものの中から自由に選択できるものが主流となっている。原則、同一行動であった頃に比べるとたいへん自由度が高くなっているのが特徴である。こうしたフリープラン型の旅行で、鉄道を使ったものの主流は、東京発だと、関西圏（京都、奈良、神戸、大阪）、中京圏（伊勢志摩、南紀、高山）、関東圏（伊豆、長野、山梨、新潟）、東北（福島、仙台、盛岡）が対象となり、それ以外の地域は航空機が移動手段の主力となる。また、東京の近県は貸切観光バス旅行になることが多い。鉄道で移動するため、現地での二次交通手段として、レンタカーや旅行会社の仕立てた乗り降り自由の観光ルートバスなどを紹介しているケースが多い。

北海道や九州、四国の場合、現地での都市間移動にＪＲのフリーパスを紹介していることもある。例えば、九州旅行で目的地が由布院、熊本、長崎といった場合、大分まで航空機で飛んだ後、ＪＲ九州内でのフリーパスを利用して長崎まで行き、帰りは長崎から飛んで帰るといったことも可能である。この場合、二次交通手段として鉄道を利用することになり、「ゆふいんの森」や「白いかもめ」といった人気列車を体験することもできる。

募集型企画旅行は、その企画自体に自由度があるので、旅行会社が企画さえすれば、北海道へ行くのに、行きは寝台列車の「北斗星」「カシオペア」、帰りは航空機を利用するといったものも可能である。こうした形で、鉄道旅行が組み込まれたフリープランも旅行会社は数多く企画している。

専門家が必要だった周遊券の時代

団体旅行が主流の時代にも、旅行会社が手配する個人旅行はあった。その際に威力を発揮したのが周遊券である。一般の周遊券は国鉄が指定した周遊指定地2か所を回ることが条件で、往復の乗車券が割引されるものであった。通常、旅行会社の店舗カウンターは2種類あり、店舗スタッフが立って応対するのがハイカウンター、座って応対するのがローカウンターと呼ばれている。ハイカウンターは国鉄の乗車券、指定席券や航空券を即売する場所で、ローカウンターは客とじっくり相談しながら旅行を販売する場所である。個人で鉄道を利用する旅行がメインだった頃は、国鉄券を扱える旅行会社の店舗のローカウンターには、周遊券に精通したスタッフがいたものであった。周遊指定地は一定の地域が指定されていたが、その指定地へ行くために通過しなくてはならない地点や乗降しなくてはならない地点などの条件があった。そのため、オーダーメイドの周遊券を発行するには専門知識が必要であった。もちろん、あまり知識を必要とせずに発行できるレディメイドのワイド周遊券やミニ周遊券といった、お得な切符もあった。

旅行の個人化とモータリゼーションが進むにつれ、こうしたオーダーメイドの周遊券を望む人もだんだんと少なくなってきた。一方、フリープラン型のパッケージツアーは、割引運賃やお得な宿泊代金をセットにしたことで、個人が乗車券、指定券、宿泊券をひとつひとつ購入するよりも廉価で、旅行会社が提供できるようになった。

旅行会社のこれからの鉄旅

現在、ＪＲはそれぞれ旅行会社を持ち、大手私鉄も系列の旅行会社がある。鉄道需要を掘り起こすための募集型企画旅行は、そうした旅行会社の切り札になっている。関東でいえば、東武鉄道は沿線にある日光、鬼怒川温泉や川治温泉を素材に鉄道利用の独自商品を開発販売し、小田急であればロマンスカーを利用した箱根の温泉郷を対象とした独自商品を販売している。もちろん、ＪＲ系の旅行会社においても同様であり、ＪＲ東日本のびゅうもテリトリー内を対象とした鉄道を利用する様々な商品がある。

特徴的なのは、その旅行商品に鉄道自体に乗車することを目的としたものが多数見られることにある。例えば、磐越西線の「ＳＬばんえつ物語」や五能線の「リゾートしらかみ」といった人気の列車に乗車することを目的とした募集型企画旅行である。

鉄旅の今後を考えると旅行会社が大きく関与できるポイントは２つある。ひとつは移動手段としての鉄道の魅力を再認識し、それをアピールしながら旅行商品を訴求していくこと。もうひとつは、乗車すること自体が目的となるような鉄道素材を収集し、同じく魅力を上手に磨いてアピールしていくことであろう。

鉄道旅行のパンフレット（びゅう）

3 鉄旅のこれから

鉄旅の国ニッポン

日本の国内旅客輸送の推移を見ると、１９６０年代モータリゼーションの進展に伴い、鉄道と自動車が逆転し、自動車が輸送手段のトップとなり、今日に至っている。（『数字で見る鉄道２００９』国土交通省鉄道局監修）。しかし、世界的にみると、日本の鉄道の旅客輸送量は世界の中では際立っている。図表②（『世界の統計２００９』総務省統計局）のように、世界の主要国と比べると一目瞭然で、近年経済力を増し、人口が多く、国土も広い鉄道網の発達したインド、中国には及ばないものの、他の国を圧倒している。インド、中国と同様に人口が多く、国土の広いアメリカの鉄道旅客輸送量は、発達した航空網と自動車社会の中

図表② 世界の鉄道旅客輸送（2005年） （100万人キロ）
※ アメリカ・フランスは2004年

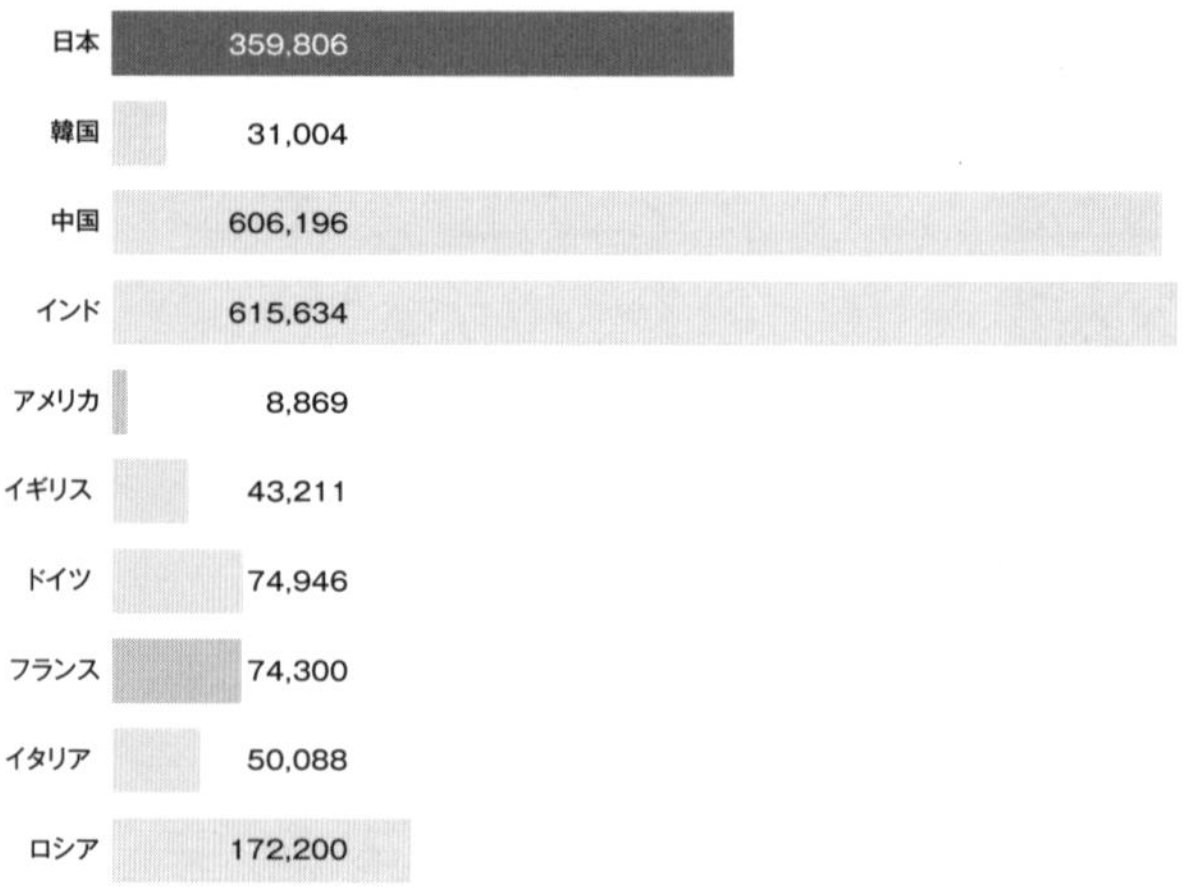

『世界の統計2009』（総務省統計局）

で、日本の僅か2・5%しかない。鉄道の旅の文化が定着しているように見えるヨーロッパの国々も、意外にも鉄道での旅客輸送量はそう多くない。

鉄道利用の多さは、日本の地理的条件や、経済条件、社会環境などによるものと思われる。通勤、通学などの都市交通の充実や新幹線などの高速鉄道網などがこの数字を大きく牽引している。また、全国に張り巡らされたとはいえ、まだ不十分な高速道路網と高額な高速道路料金、価格に柔軟性が出てきたものの容易には利用できない航空機など、日本固有の問題もその背景にあろう。

鉄道での移動、鉄道の旅が日本人にとってはポピュラーであり、馴染んでいるのは事実のようだ。大量に、高速で、定時に人々を運ぶ新幹線や日本の四季を満喫できる地方のローカル線、地域の人々と触れ合える私鉄や路面電車など日本には鉄道のバリエーションがある。マイカーの普及や航空網の充実した日本においても、鉄道の役割は決して低下していない。世界的にみると極めてまれな、鉄道を多く利用する、いわば鉄旅の国と考えられる。

観光における鉄道の役割

観光における鉄道の役割とは、どういうものなのだろう。須田寛氏が『産業観光』(交通新聞社)の中で、次の3つを明快に述べている。

①　利用客が観光地へ往復する場合の交通手段としての役割
②　鉄道が観光の価値を高める働き、演出家としての役割
③　鉄道そのものが観光資源の役割

①は交通手段、移動手段としての鉄道の本来の役割といえる。つまり、大量かつ高速で、さらに

定時に人々を運ぶ機能である。いずれも、他の交通手段とは差別化されているのが特徴で、この役割が明治以降、さらに戦後の観光を牽引し、多くの観光地を作ってきたといえよう。実際に1964(昭和39)年に開業した東海道新幹線が、これまで商用や帰省が中心だった国内旅行に、レジャーを目的とした観光旅行者を飛躍的に増加させ、一般庶民の観光旅行を定着させた。その後の新幹線網の拡大も日本人の観光旅行のデスティネーションを増やすことになった。

②は鉄道が「旅にバリエーションを持たせ、旅の味付けを深める」役割を果たすことである。鉄道での移動そのものを観光の一部として楽しんでもらうことである。お座敷列車や豪華寝台列車、今日各地で運行している観光特急、イベント列車などの展開がこれにあたる。それだけでなく、乗り心地の良い快適な車両の導入や車内でのサービスの改善、駅の利便性向上や、乗り継ぎダイヤの工夫なども観光の価値を上げることになろう。また、他の交通機関や旅行会社、宿泊施設、さらに地域との連携なども、演出家としての重要な役割だろう。

③は鉄道そのものが観光資源となることである。つまり、鉄道そのものに乗り、見学し、体感することを目的とした旅を作り出す役割である。清水慎一氏は観光資源として「貴重な産業遺産としての鉄道」と「先端技術の集積としての鉄道」(『観光実務ハンドブック』日本観光協会)を挙げている。

前者は、すでに多くの観光客を集めている大井川鉄道や磐越西線のSLや、アプト式などが体験できる路線、余部鉄橋などの鉄道施設なども含まれる。歴史的価値のある駅、鉄道施設、廃線、また、それらを集大成した各地の鉄道博物館、鉄道公園なども貴重な産業遺産といえるだろう。これらは既存の自然景観や名所旧跡、文化歴史遺産と同様、一部鉄道ファンだけでなく、好奇心と学びを大切にする旅行者を確実に惹き付けていくだろう。後者はリニアモーターカーの実験線や、新幹線の工場などがそれにあたる。日本人旅行者ばかりでなく、これらは訪日外国人旅行者の関心も高い。日本の鉄道に関する技術は極めて高く、日本特有の産業観光の資源といえよう。観光資源と考えると、この2つだけでなく、現役の観光特急やイベント列車、次々に導入される新型車両、工夫を凝らした駅やその駅でしか販売していない駅弁、珍しい切符なども観光資源としての役割を果たしていると考えていいだろう。

鉄旅が注目される理由

いま、鉄旅が注目される理由を考えてみたい。

① 環境に優しい鉄道への再評価。
② 旅行にゆったり、のんびり、くつろぎを求める層の増加。
③ 鉄子のクローズアップで象徴される女性鉄道ファンの増加。
④ オタク化していた鉄道ファンの顕在化。
⑤ 鉄道の旅に思い出を持つ団塊世代のリタイア。
⑥ マイカーを運転しない若者、女性、高齢者の増加。
⑦ ローカル線での観光特急、イベント列車などの運行。
⑧ 特徴ある地方の私鉄、第3セクター鉄道、路面電車のアピール。
⑨ テレビ（地上波・BS・CS）での旅番組内での鉄道情報の増加。
⑩ 専門雑誌の発刊、一般雑誌の鉄道特集の増加、鉄道関連書籍の発行増。

⑪　鉄旅グッズ（デジカメ・パソコン・ゲーム機・ｉＰｏｄ・ＩＣレコーダーなど）の普及。
などなど、鉄旅がブームになる可能性は十分にある。

これからの鉄旅

これからの鉄旅はどのようになっていくのだろう。

交通機関が高度に発展した日本において、観光を目的に旅行をする時、旅行経験率の高くなった多くの日本人は、自らの基準をもち交通手段を使い分けているようである。いま鉄道ブームが起こり始めているといわれているが、実際に鉄道の旅、鉄旅が飛躍的に伸び、観光での鉄道利用のシェアが急激に拡大するとは考えられない。

しかし、大きな時代の流れの中で鉄旅が注目され、鉄道に乗ることを目的に旅したい、できるだけ鉄道を利用して旅したい、できたら鉄道を利用して旅したい、チャンスがあれば鉄道を利用して旅したい、という思いを多くの人が持つきっかけを作れば、鉄旅が伸び続けていく可能性は十分にある。

以下、これからの鉄旅を予想したものである。
①　鉄道の旅に思い出のある団塊の世代以上の人達の夫婦旅行の鉄旅が増えていく。
②　マイカーを運転しない女性のグループ旅行やひとり旅が鉄旅をリードしていく。
③　マイカーを持たない若者が鉄旅の楽しさを知り拡大していく。
④　環境、省エネ、エコに敏感な層が鉄旅を始める。
⑤　鉄道ファンが鉄道や鉄道関連施設などを目的に、今以上に深くバリエーションに富んだ鉄

道趣味のための鉄旅をしていく。
⑥　豪華寝台列車の人気は継続し、新たなる豪華列車が登場する。
⑦　二次交通としてのローカル線の旅、第3セクター鉄道の旅、地方私鉄の旅の楽しみ方が普及する。
⑧　地域の駅が観光資源として注目され、駅が目的となる鉄旅が生まれる。
⑨　駅弁はますます注目され、豪華駅弁など地域性にとんだ新商品が開発される。
⑩　SLの動態保存や歴史ある鉄道施設などに行く鉄旅が増える。
⑪　ローカル線などの「車窓」がクローズアップされる。
⑫　地方中核都市の路面電車・LRTの乗車がブームになる。
⑬　記念旅行（新婚旅行・定年退職旅行・銀婚式旅行・還暦旅行など）鉄旅が流行る。
⑭　青春18きっぷに続く、誰もが利用できる新しいお得な全国切符が誕生する。
⑮　訪日外国旅行者が新幹線だけでなくローカル線の旅も楽しみ始める。

やや思いつきに近いものや期待を込めたものもあるが、今回の調査や研究の中で出てきたキーワードから予想してみた。いずれにしても、旅の中での鉄道の役割は極めて大きい。鉄旅は車旅、空旅、さらに船旅と競争して、限られた旅行者を獲得していかなければ成立しない。いま、鉄道事業者はJRも私鉄も第3セクター鉄道も一生懸命、知恵とアイデアを絞って、旅行者の獲得と満足度の向上に取り組んでいる。さらに、地方自治体や旅行会社、宿泊施設、観光施設、そして他の交通機関と密接な連携をとっていくことが重要だろう。鉄旅は観光にかかわるすべての人達によってつくられるものだからだ。

おわりに

本調査の結果、鉄道の旅が好きだという人は80％と、高い数値が出た。実際、鉄道の旅が嫌いだという日本人は少ないと思う。ただ、小さな子供がいる家庭などでは鉄道の旅行は避け、マイカーで旅行することが多いだろうし、家族同様のペットとの旅行もマイカーがいいだろう。また、鉄道を単に移動のための交通手段だと考えている人もいるだろう。必ずしも、全員が鉄旅好きとは限らない。

筆者は鉄ちゃんではないが、鉄道の旅はとても好きである。しかし、日頃の旅行や出張では、別の基準で利用交通手段を使い分けていた。沖縄などの離島は選択の余地はないが、北海道も九州もあまり考えることなく航空機を利用している。山陰や四国も同様であった。関東近県はマイカーを利用することが多い。これは面倒でないことと、経済的な理由からだ。その他は新幹線を中心に鉄道を利用するが、目的地に着くとレンタカーを借りることが多い。これは効率よく観光地や仕事先を周れるからだ。居住する場所などにより大きく変わるかもしれないが、おそらく、こんな感じで旅行の交通手段を使い分けている人は多いのではないだろうか。

でも、鉄道の旅、すなわち鉄旅は日本の旅、自分の旅の原点のような気がしている。もちろん、時代をさかのぼれば飛行機も、マイカーも、少なくとも庶民には存在していなかったのだから当たり前といえば当たり前である。確かに、鉄道での旅は断片だが鮮明に記憶に残っている。

小学生の頃、年に一度の夏休みの家族旅行は楽しかった。帰省する故郷がなかったので、旅行好きな父親は様々な観光地に子供たちを連れて行った。残念ながら、どこに連れていってもらったのかはほとんど覚えていない。しかし、汽車に乗っていたことはよく覚えている。夜行も多かった。トンネルになると窓を閉めて、煙の入るのを防いだりしたのがとても面白かった。つまりその頃はＳＬだったようだ。おにぎりと冷凍ミカン、そしてトランプが毎度の思い出だ。中学の修学旅行はお決まりの京都・奈良、その頃はもう東海道新幹線は開業していたが、修学旅行は専用列車「ひので号」での7時間半の旅だった。全員がはしゃいでいたように記憶している。新幹線に初めて乗ったのは、大阪万博の時。高校時代、同級生３人とのはじめての長い旅行だった。初めての新幹線は「月の石」より興奮したものだ。大学時代は友人と２人で九州へ貧乏旅行に出かけた。普通列車を乗り継ぎながら、九州まで行き、九州各地をユースホステルに泊まりながらの旅をした。帰りは贅沢に、西鹿児島から寝台特急「富士」で東京に戻った。関門トンネルを超える時、生意気に缶ビールで乾杯をした。

会社に入ると、研修の後、神戸への配属となった。もちろん新幹線ひかり号での赴任であった。そんなに遠いところではなかったが、東京駅での別れは悲しかった。とはいえ、それからは、東京―新神戸を何度も往復することになる。ときおり、寝台急行「銀河」も利用した。それからは旅行が仕事になり、各地への添乗で、新幹線、L特急、寝台特急、お座敷列車、修学旅行専用列車等々日本国中の列車に乗らせてもらった。飛行機の旅もあったが、国内旅行はまだまだ鉄道の旅が主流だった。

鉄道はただの移動手段ではない。鉄道自体が旅行の大切な一部である。だから、列車の中や駅、ホームでの出来事が思い出として残っているのだ。日本人の旅の原点はやっぱり鉄旅に違いない。さまざまなタイプの鉄旅ができると面白い。そして、車窓からもう一度日本の風景や四季、暮らしを感じてみたいと思う。

鉄道の旅というテーマの本書を出版できてとても嬉しい。研究所の仲間や関係者に感謝している。

2010年3月

安田亘宏

索引

著者紹介

安田　亘宏（やすだ のぶひろ）旅の販促研究所所長（㈱ジェイ・アイ・シー執行役員）

1977年JTBに入社。旅行営業、添乗業務を経験後、本社、営業本部、グループ会社で販売促進・マーケティング・事業開発等の実務責任者を歴任。2006年4月研究所設立時より現職。

所属：NPO法人日本エコツーリズム協会理事、日本地域資源学会常務理事、日本観光研究学会会員、日本創造学会会員、日本旅行作家協会会員、法政大学地域研究センター客員研究員

著書：『旅の売りかた入門―もっと売るための広告宣伝戦略―』（イカロス出版）
『旅行会社のクロスセル戦略』（イカロス出版）
『長旅時代―ロングツーリズムの実態と展望―』（監修・教育評論社）
『食旅入門―フードツーリズムの実態と展望―』（共著・教育評論社）
『犬旅元年―ペットツーリズムの実態と展望―』（共著・教育評論社）
『祭旅市場―イベントツーリズムの実態と展望―』（共著・教育評論社）
『島旅宣言―アイランドツーリズムの実態と展望―』（共著・教育評論社）
『キャッチコピーに見る「旅」』（共著・彩流社）
『旅人の本音』（共著・彩流社）
『「澤の屋旅館」はなぜ外国人に人気があるのか』（彩流社）

中村　忠司（なかむら ただし）旅の販促研究所副所長

1984年JICに入社。88年JTBに出向、CI導入・ブランディングを担当。JIC復帰後、旅行・観光関係の企画・プロモーションを担当。2006年4月研究所設立時より現職。

所属：日本地域資源学会理事

著書：『食旅入門―フードツーリズムの実態と展望―』（共著・教育評論社）
『犬旅元年―ペットツーリズムの実態と展望―』（共著・教育評論社）
『祭旅市場―イベントツーリズムの実態と展望―』（共著・教育評論社）
『島旅宣言―アイランドツーリズムの実態と展望―』（共著・教育評論社）
『キャッチコピーに見る「旅」』（共著・彩流社）

上野　拓（うえの　ひろし）旅の販促研究所主席研究員

1983年JTBに入社。旅行営業、添乗業務を経験後、海外支店、本社、グループ会社で販売促進・広告宣伝・広報等を担当。その間、㈵国際観光振興会へ出向。2007年4月より現職。

所属：日本観光研究学会会員・日本地域資源学会会員

著書：『祭旅市場―イベントツーリズムの実態と展望―』（共著・教育評論社）
『キャッチコピーに見る「旅」』（共著・彩流社）

吉口　克利（よしぐち かつとし）旅の販促研究所主任研究員

1990年日本統計調査㈱に入社。マーケティングリサーチャー・調査ディレクターとして旅行・観光関連等多領域のリサーチ業務を担当。2006年11月JICに入社し現職。

著書：『食旅入門―フードツーリズムの実態と展望―』（共著・教育評論社）
『犬旅元年―ペットツーリズムの実態と展望―』（共著・教育評論社）
『島旅宣言―アイランドツーリズムの実態と展望―』（共著・教育評論社）

コラム・調査・取材・写真協力

川口　賢次（かわぐち　けんじ）旅の販促研究所シニアプロデューサー

関川　由都子（せきがわ　ゆつこ）旅の販促研究所エディトリアル・プロデューサー

小畑　綾乃（おばた　あやの）旅の販促研究所研究員

旅の販促研究所

JTBグループのシンクタンクとして、同グループの総合広告会社㈱ジェイ・アイ・シー（JIC）内に設立された研究所。「旅行者研究」をメインテーマに多様化、個性化された日本人旅行者の行動と心理を独自の調査手法により分析し、旅行業界・観光業界にこだわりのある新しい企画提案をしている。
ホームページ：http://www.jic.co.jp/

※「**鉄旅**（てつたび）」は㈱ジェイ・アイ・シー旅の販促研究所の登録商標（第16類）です。

参考・引用文献
『旅行者動向　２００９』（財団法人日本交通公社観光文化事業部）
『日本交通公社七十年史』（日本交通公社）
『観光実務ハンドブック』（日本観光協会）
『数字で見る鉄道２００９』（国土交通省鉄道局）
『世界の統計２００９』（総務省統計局）
『鉄道輸送統計年報』（国土交通省）
『ＪＴＢ時刻表』（ＪＴＢパブリッシング）
『ＪＲ時刻表』（交通新聞社）
『観光交通論』永井昇（内外出版）
『観光学への扉』井口貢（学芸出版社）
『産業観光・観光の新分野』須田寛（交通新聞社）
『時刻表２万キロ』宮脇俊三（角川文庫）
『鉄道旅行のたのしみ』宮脇俊三（角川文庫）
『終着駅は始発駅』宮脇俊三（新潮文庫）
『鉄子のＤＮＡ』豊田巧（小学館１０１新書）
『にっぽん鉄道旅行の魅力』野田隆（平凡社新書）
『駅を楽しむ！鉄道の旅』野田隆（平凡社新書）
『一度は乗りたい絶景路線』野田隆（平凡社新書）
『乗りテツ大全　鉄道旅行は３度楽しめ！』野田隆（平凡社新書）
『もっと秘境駅へ行こう！』牛山隆信（小学館文庫）
『鉄道博物館を楽しむ９９の謎』鉄道博物館を楽しむ研究会（二見書房）
『青春１８きっぷで楽しむ鉄道の旅』青春１８きっぷ探検隊編（小学館文庫）
『旅する鉄道』（枻出版社）
『みんなの鉄道の旅』（旅行読売出版社）
『鉄道旅行』（ネコ・パブリッシング）
『鉄道手帳』今尾恵介（東京書籍）
『日本縦断個室寝台特急の旅』櫻井寛（世界文化社）
『日本全国絶景列車の旅』櫻井寛（世界文化社）
『旅してみたい日本の鉄道遺産』三宅俊彦（山川出版社）
『鉄道歴史読本』梅原淳（朝日新聞出版）
『カラー版徹底図解 鉄道のしくみ』新星出版社編集部　（新星出版社）
『山手線誕生』中村健治（イカロス出版）
『〈図解〉鉄道のしくみと走らせ方』昭和鉄道高等学校編（かんき出版）
『鉄道趣味がわかる本』いのうえこーいち（枻出版社）
『おトクなきっぷで乗り放題　鉄道旅行』（JTBパブリッシング）
『日本国有鉄道百年写真史』（日本国有鉄道）
『鉄子の旅①〜⑥』菊池直恵（小学館）

※他、鉄道会社、旅行会社のホームページ、ガイドブック、新聞、雑誌などを参照しました。

鉄旅研究　レールウェイツーリズムの実態と展望

2010年3月19日第1刷発行

著　　者　安田亘宏　中村忠司　上野拓　吉口克利

発 行 者　阿部黄瀬

発 行 所　株式会社教育評論社
〒103-0001　東京都中央区日本橋小伝馬町２－５　ＦＫビル
TEL 03-3664-5851　FAX 03-3664-5816
http://www.kyohyo.co.jp

印刷製本　壮光舎印刷株式会社

ISBN 978-4-905706-49-6　C0065

旅のマーケティングブックス

旅の販促研究所：著

価格は税別です。

お近くの書店でお求めください。

長旅時代
ロングツーリズムの実態と展望

安田亘宏・監修

「長旅時代」到来の裏づけを明らかに！

日本の長期旅行は欧米流のワンパターンの滞在型ではなく、それぞれの趣味志向に合わせたバリエーション豊かなものになるだろう。この芽生え始めた日本のロングツーリズムを「長旅」と名づけ、その実態と旅行者の動向、これからの展望についてレポート。

本体一四〇〇円　ISBN978-4-905706-18-2

食旅入門
フードツーリズムの実態と展望

安田亘宏
中村忠司
吉口克利・著

「食旅」のモチベーションを探る！

「食」は重要な観光資源として注目されており、新しい「食」を創造し、アピールしている都市もある。このような「食」を観光資源としたフードツーリズムを「食旅」と名づけ、その実態と旅行者の動向、これからの展望についてひも解いていく。

本体一六〇〇円　ISBN978-4-905706-23-6

犬旅元年
ペットツーリズムの実態と展望

安田亘宏
中村忠司
吉口克利・著

「犬旅」が秘めた高い可能性を明らかにする！

低迷する国内旅行市場復活の起爆剤となる可能性を秘めているペット同伴旅行を「犬旅」と名づけ、その実態と旅行者の動向、これからの展望について検証した画期的なマーケティングレポート。ペット同伴旅行はここまで進化している。

本体一六〇〇円　ISBN978-4-905706-27-4

祭旅市場
イベントツーリズムの実態と展望

安田亘宏
中村忠司
上野　拓・著

「祭旅」が放つ熱気とパワーを明らかにする！

祭りやイベントは多くの人々を呼び、旅をつくる力を持っているだけでなく、地域経済を活性化させ、地域文化の交流や伝統文化を継承させる。こうしたイベントツーリズムを「祭旅」と名づけ、その実態と旅行者の動向についてレポート。

本体一六〇〇円　ISBN978-4-905706-30-4

島旅宣言
アイランドツーリズムの実態と展望

安田亘宏
中村忠司
古口克利
小畑綾乃・著

「島旅」の持つ癒しの理由を解き明かす！

船や飛行機で行く島旅は、旅を実感できるだけでなく、自然や島独特の歴史や文化に触れ、心癒される。そのようなアイランドツーリズムを、親しみを込めて「島旅」と呼び、その実態と旅行者の動向についての分析から、これからの旅のスタイルを提案する。

本体一六〇〇円　ISBN978-4-905706-41-0